DIRK PROTZEL

W0058688

Kindler
Taschenbücher

Geist und Psyche

Uwe Henrik Peters

Übertragung –
Gegenübertragung

Geschichte und Formen der Beziehungen
zwischen Psychotherapeut und Patient

Kindler
Taschenbücher

GEIST UND PSYCHE
Herausgegeben von Nina Kindler

Die „Grundbegriffe der Tiefenpsychologie"
werden herausgegeben von Prof. Dr. U. H. Peters, Mainz
und Herrn Prof. Dr. H. Völkel, Kiel.

© Copyright 1977 by Kindler Verlag GmbH, München
Alle Rechte vorbehalten, auch die des teilweisen
Abdrucks, des öffentlichen Vortrags und der Übertragung
durch Rundfunk und Fernsehen.
Fotomechanische Wiedergabe nur mit Genehmigung des Verlages.
Redaktion: Helga Watson
Korrekturen: Linde Lang
Gesamtherstellung: Friedrich Pustet, Regensburg
Printed in Germany 1977
ISBN 3 463 02185 4

Inhalt

»Es bedarf nämlich nur geringer Überlegung, um sich zu überzeugen, daß die höchste und innigste Beziehung des Unbewußten einer Seele auf das Unbewußte einer anderen irgendwie an das Gefühl der Liebe geknüpft sein muß.«

CARL GUSTAV CARUS in: *Psyche* (1846)

Einleitung

Zur Definition der Übertragung schreibt FREUD in seiner Abhandlung *Zur Dynamik der Übertragung:*

»Machen wir uns klar, daß jeder Mensch durch das Zusammenwirken von mitgebrachter Anlage und von Einwirkungen auf ihn während seiner Kinderjahre eine bestimmte Eigenart erworben hat, wie er das Liebesleben ausübt, also welche Liebesbedingungen er stellt, welche Triebe er dabei befriedigt, und welche Ziele er sich setzt. Das ergibt sozusagen ein Klischee (oder auch mehrere), welches im Laufe des Lebens regelmäßig wiederholt, neu abgedruckt wird, insoweit die äußeren Umstände und die Natur der zugänglichen Liebesobjekte es gestatten, welches gewiß auch gegen rezente Eindrücke nicht völlig unveränderlich ist. Unsere Erfahrungen haben nun ergeben, daß von diesen das Liebesleben bestimmenden Regungen nur ein Anteil die volle psychische Entwicklung durchgemacht hat; dieser Anteil ist der Realität zugewendet, steht der bewußten Persönlichkeit zur Verfügung und macht ein Stück von ihr aus. Ein anderer Teil dieser libidinösen Regungen ist in der Entwicklung aufgehalten worden, er ist von der bewußten Persönlichkeit wie von der Realität abgehalten, durfte sich entweder nur in der Phantasie ausbreiten oder ist gänzlich im Unbewußten verblieben, so daß er dem Bewußtsein der Persönlichkeit unbekannt ist. Wessen Liebesbedürftigkeit nun von der Realität nicht restlos befriedigt wird, der muß sich mit libidinösen Erwartungsvorstellungen jeder neu auftretenden Person zuwenden, und es ist durchaus wahrscheinlich, daß beide Portionen seiner Libido, die bewußtseinsfähige wie die unbewußte, an dieser Einstellung Anteil haben.

Es ist also völlig normal und verständlich, wenn die erwartungsvoll bereitgehaltene Libidobesetzung des teilweise Unbefriedigten sich auch der Person des Arztes zuwendet. Unserer Voraussetzung gemäß, wird sich diese Besetzung an Vorbilder halten, an eines der Klischees anknüpfen, die bei der betreffenden Person vorhanden sind, oder, wie wir auch sagen können, sie wird den Arzt in eine der psychischen ›Reihen‹ einfügen, die der Leidende bisher gebildet hat. Es entspricht den realen Beziehungen zum Arzte, wenn für diese Einreihung die Vater-Imago (nach JUNGS glücklichem Ausdruck) maßgebend wird. Aber die Übertragung ist an dieses Vorbild nicht gebunden, sie kann auch nach der Mutter- oder Bruder-Imago usw. erfolgen. Die Besonderheiten der Übertragung auf den Arzt, durch welche sie über Maß und Art dessen hinausgeht, was sich nüchtern und rationell rechtfertigen läßt, werden durch die Erwägung verständlich, daß eben nicht nur die bewußten Erwartungsvorstellungen, sondern auch die zurückgehaltenen oder unbewußten diese Übertragung hergestellt haben.« (GW VIII, 364–366).

FREUDS Umschreibung der Übertragung hat bis heute nichts an Klarheit eingebüßt. Dennoch erscheint es notwendig, auf einige Einzelheiten besonders hinzuweisen. Hierzu gehört, daß der Übertragungs*vorgang* für den Betreffenden selbst unbewußt bleibt. Die Übertragungs*inhalte* sind dagegen bewußt. Für den psychoanalytischen Prozeß ist wichtig, daß die Herkunft der Übertragungen durch diesen Vorgang selbst bereits in die Nähe des Bewußtseins gerückt ist. Es ist ein wichtiger Teil der psychoanalytischen Therapie geworden, die Ursprünge von Übertragungen bewußt werden zu lassen – und die Widerstände, die sich einem Bewußtwerden entgegenstellen. Jede Übertragungsanalyse ist daher zugleich auch eine Widerstandsanalyse.

Übertragung ist aber auch mit Regression verbunden. Hier sind die Zusammenhänge wechselseitig. In der »klassischen« psychoanalytischen Technik liegt der Patient auf der Couch, während der Therapeut aufrecht sitzt. Dies entspricht der normalen Haltung eines Säuglings gegenüber einem Erwachsenen, so daß durch die Herstellung dieser Situation die Herausbildung von an die Kindheit anknüpfenden Übertragungen provoziert wird. Übrigens schon dadurch unterscheidet sich die Übertragungs-Situation der psychoanalytischen Therapie deutlich gegenüber den Übertragungs-Verhältnissen, die sich in anderen Psychotherapien zwischen Therapeut und Patient, zwischen Arzt und Patient oder zwischen verschiedenen Menschen untereinander herausbilden. Regression ist in diesem Bereich der Therapie erwünscht, weil dann am ehesten Wiederholungen, Affekte und ungelöste Konflikte der infantilen Neurose zum Ausdruck gebracht werden. Der »Regression« in der Haltung entspricht daher auch eine »Regression« in der Therapie, die in sich spezifisch psychoanalytisch ist.

Nachdem sich Übertragungen eingestellt haben, macht sich beim Patienten eine Neigung zum Agieren, zum Ausleben verdrängter infantiler Wünsche, zu ihrer sozialen Realisierung bemerkbar, die mit dem Wiederholungszwang zusammenhängt. Diese Verhaltensweise ist vom Standpunkt der Therapie aus unerwünscht, weil damit die Übertragungen in den Dienst des Widerstandes gestellt werden. Ihre Prozesse sollen daher lieber erkannt und in Worte gefaßt als ausgelebt werden.

Die Übertragungsvorgänge haben durch FREUD ein so klares Bild erhalten, daß nicht nur Psychoanalytiker, sondern auch viele andere übersehen, daß es ganz ähnliche Vorgänge auch schon in den vor-analytischen, ja selbst in den ältesten Psychotherapien gab und daß es auch heute außerhalb der psychoanalytischen Therapie ähnliche, aber nicht identische Vorgänge gibt. Für sie alle den Ausdruck »Übertragung« zu verwenden, hieße das Spezielle gerade der analytischen Situation zu verwischen.

Dieses Buch trägt zwar den Titel Übertragung-Gegenübertragung, weil der Gedanke darin seine am weitesten verbreitete und klarste Ausformung gefunden hat. Die Darstellung erstreckt sich aber auf den breiteren Rahmen der besonderen »psychotherapeutischen Beziehung«, die sich bei jeder längeren Behandlungsdauer zwischen Psychotherapeut und Patient entwickelt, ganz gleich, welches ihre Technik oder Theorie ist, und ganz gleich, ob die Therapeuten es selbst anerkennen oder nicht.

Unsere Darstellung beginnt daher mit einer kurzen ideengeschichtlichen Darstellung der psychotherapeutischen Beziehung. Einerseits macht die historische Perspektive es leichter, aus den Problemen der Gegenwart herauszutreten und sie dann mit neuen Augen zu betrachten. Andererseits ist aber auch schon die Kenntnis der älteren Entwicklungen verlorengegangen – so daß dann Übertragung zugleich als etwas ganz Neues, Einzigartiges und Allgemeines erscheint –, obwohl FREUD selbst und andere immer wieder auf sie hingewiesen haben. Schließlich versucht das Buch, auf übertragungsähnliche Beziehungen auch außerhalb aller Psychotherapien hinzuweisen und darauf, was unter dem Begriff der Übertragung alles verstanden werden kann.

Entwicklung und Erkennung einer besonderen psychotherapeutischen »Beziehung« in der Geschichte der dynamischen Psychotherapie

In der psychotherapeutischen Beziehung werden Erinnerungen und Gefühle von Arzt und Patient in einer zunächst für beide schwer überschaubaren Weise ineinander verwoben. Es ist daher einerseits nicht verwunderlich, daß derartige Erscheinungen erstmalig auftraten, als Therapeut und Patient anfingen, in eine engere Relation zueinander zu treten, und ebensowenig, daß dies beiden lange verborgen blieb. Die Geschichte dieser engeren Arzt-Patienten-Beziehungen ist aber auch deshalb von Interesse, weil darin besonders deutlich wird, daß man es bei dem, was heute allgemein Übertragung-Gegenübertragung heißt, nicht mit einem isolierten psychoanalytischen Problem zu tun hat.

Wir haben keinen Grund zu der Annahme, daß es in früheren Jahrhunderten nicht zu einer engen Beziehung zwischen Arzt und Patient mit Übertragungscharakter gekommen ist, wenn nur die Bedingung erfüllt wurde, daß es sich um eine längerdauernde Beziehung und um eine psychotherapeutische Einwirkung handelte. Es fehlen aber anschauliche Berichte darüber.

Beziehungen zwischen Exorzisten und Besessenen

Eine frühe und enge Beziehung zwischen Heiler und Krankem tritt im Exorzismus deutlicher zutage. Exorzismus setzt die Krankheitslehre der Besessenheit voraus, die bei vielen Völkern in vielen Teilen der Welt (allerdings nicht überall) und vom Altertum bis ins 19. Jahrhundert eine fast universelle Gültigkeit besaß und somit eine der dauerhaftesten und offenbar auch brauchbarsten Krankheitstheorien darstellt. Erst durch die Einwirkung der Aufklärung verschwanden die Besessenheitsvorstellungen allmählich, ohne doch bis in die Gegenwart ganz ohne Bedeutung zu sein. Nach dieser Krankheitstheorie ist Krankheit (körperliche oder psychische) auf böse Geister zurückzuführen, die in den Körper des Kranken eingedrungen sind. Der Kranke erlebt die Krankheit selbst als eine Art intrapsychischen Parasitismus (T. K. ÖSTERREICH, 1921). Als eine der denkbaren Therapieformen kann die Austreibung der eingedrungenen Geister mit geistigen Mitteln gelten. Tatsächlich ist dieses Vorgehen – neben anderen Methoden – seit dem Altertum und bei vielen Völkern üblich gewesen und hat in der katholischen Kirche als Exorzismus eine offiziell anerkannte Funktion gehabt. Es darf davon ausgegangen werden, daß die exorzistische Technik im Laufe der Jahrhunderte – obwohl im Kern gleichbleibend – verschiedene Wandlungen durchgemacht hat, daß aber das jeweilige Verfahren sich am besten auf die jeweilige soziokulturelle Situation einstellt und damit auch den Bedürfnissen des Einzelindividuums (zeitgebunden wie es ist) am meisten entgegenkommt. An dieser Stelle interessiert hauptsächlich die sich dabei ergebende Beziehung zwischen Exorzist und Besessenem. Es wird dabei sichtbar, daß der Exorzismus bereits eine gut strukturierte Form der Psychotherapie darstellt. Ihre grundlegenden Merkmale sind nach ELLENBERGER (1973) folgende:

»Der Austreiber spricht gewöhnlich nicht in seinem eigenen Namen, sondern im Namen eines höheren Wesens. Er muß zu diesem höheren Wesen und zu seinen eigenen Fähigkeiten absolutes Vertrauen haben, ebenso muß er von der Realität der Besessenheit und des besitzergreifenden Geistes absolut überzeugt sein. Im Namen des höheren Wesens, das er vertritt, spricht er den Eindringling feierlich an. Dem Besessenen spricht er Mut zu; seine Drohungen und Ermahnungen richtet er nur an den Eindringling. Die Vorbereitung des Austreibers auf seine Aufgabe ist schwierig und dauert lange, oft muß er auch beten und fasten. Die Austreibung soll, wenn irgend möglich, an einem heiligen Ort, in einer strukturierten Umgebung und in Gegenwart von Zeugen stattfinden, zugleich muß man Ansammlungen Neugieriger vermeiden.

Der Austreiber muß den Eindringling zum Sprechen bringen, und nach langem Hin- und Herreden wird manchmal ein Handel abgeschlossen. Die Austreibung ist ein Kampf zwischen Austreiber und dem eingedrungenen Geist – oft ein langer, schwieriger und verzweifelter Kampf, der manchmal tage-, wochen-, monate- oder sogar jahrelang fortgesetzt werden muß, bevor ein vollständiger Sieg erreicht werden kann. Nicht selten erlebt der Austreiber eine Niederlage; er ist ständig in Gefahr, selbst von dem Geist besessen zu werden, von dem er den Patienten eben befreit hat . . .« (S. 37f.).

Aus heutiger Sicht erscheint es als wesentlich, daß sich eine eventuell über Jahre dauernde Beziehung zwischen Exorzist und Besessenem herstellen konnte. Dabei ermöglicht die Teilung der Beziehung auf zwei verschiedene Ebenen einen Austausch von Gefühlen und Gedanken ohne die Hemmungen und Beschränkungen der jeweiligen Konvention. Der Besessene spricht einerseits als vernünftiges soziales Wesen, hat aber mit Hilfe des vermeintlich in seinem Leibe wohnenden bösen Geistes eine zweite Stimme, die keinen Beschränkungen unterliegt. Aber auch der Exorzist redet mit der einen Stimme dem Besessenen Mut zu und kann zugleich mit anderer Stimme auf die Gedanken und Gefühle des Besessenen (vermeintlich: der eingedrungenen Geister) Einfluß nehmen. Es wird auch dem heutigen Psychotherapeuten einleuchten, daß diese sich aus der Theorie ergebende technische Möglichkeit ungeheure Vorteile bietet. Verständlicherweise ist dieses System nur funktionsfähig, wenn Besessener *und* Exorzist fest von der Realität (der zugrunde liegenden Krankheitstheorie) überzeugt sind, und allein aus diesem Grunde heute nicht mehr anwendbar. Eine der eindrucksvollsten Beschreibungen bezieht sich zwar schon auf die Neuzeit, läßt aber vielleicht deswegen

Strukturelemente der Beziehung zwischen Psychotherapeut und Patient deutlicher sichtbar werden. Es handelt sich um den berühmten Exorzismus, der über zwei Jahre hin und am Ende erfolgreich (1842/43) vom Pastor JOHANN CHRISTOPH BLUMHARDT (1805–1880) an der GOTTLIEBIN DITTUS vorgenommen wurde.[1] Pastor BLUMHARDT hatte erst vier Jahre vor der Austreibung, als er 33 Jahre alt war, die Pfarre in Möttlingen im Schwarzwald übernommen. Es wird berichtet, daß die GOTTLIEBIN DITTUS schon in dieser Zeit sein beliebtestes Pfarrkind war. Als er die Pfarre antrat, war sie 24 Jahre alt. Die Besessenheit der Gottliebin ist aus heutiger Sicht als hysterische Symptomneurose zu klassifizieren. Die »besondere Beziehung« wird schon im Vorfeld des Exorzismus durch die Bezeichnung »liebstes Pfarrkind« deutlich. Sie bleibt dauernd erhalten, denn die Gottliebin trat später »an Kindes Statt« lebenslang in die Familie von Pfarrer BLUMHARDT ein, was schon V. v. WEIZSÄCKER (1926) zu der Bemerkung veranlaßte: »Diese Auflösung bedeutet einen Sieg BLUMHARDTs über die Hysterie, einen Sieg der Gottliebin über BLUMHARDT.« Der Preis für die Heilung war die lebenslängliche Bindung, allerdings hier mit gegenseitigen Vorteilen, da BLUMHARDT aus dem gelungenen Exorzismus außerordentliches Ansehen als Geistlicher gewann.

Man kann ferner darauf hinweisen, daß die »Beziehung« zwischen einem gerade in den mittleren Jahren befindlichen Manne und einem hysterischen Mädchen hergestellt wurde, bei der beide auch die darin enthaltene sexuelle Note offensichtlich übersahen und darum arglos vor der Öffentlichkeit ausbreiteten. Solche Beziehungen ergeben sich nicht eben selten im Bereich der dynamischen Psychiatrie. Wir finden sie auch bei der Beziehung CHARCOTS zu seinem bevorzugten Demonstrationsobjekt BLANCHE WITTMANN, »Königin der Hysterikerinnen« genannt. Aber auch BREUERS Beziehung zu Anna O. entspricht dem gleichen Modell, wie später im einzelnen zu zeigen sein wird. Schließlich ist auch innerhalb der gegenwärtigen Antipsychiatrie die Beziehung zwischen R. LAING beziehungsweise J. BERKE und ihrem »berühmtesten Fall« MARY BARNES deutlich nach dem Muster eines nicht durchschauten Übertragungs-Gegenübertra-

---

[1] BLUMHARDTs eigene Darstellung wird unter dem Titel »Blumhardts Kampf« vom Verlag Goldene Worte, Stuttgart-Sillenbuch 1976, in 14. Auflage verbreitet.

gungs-Verhältnisses zwischen Therapeut und hysterischer Patientin, die sich hier zeitgemäß in die Rolle einer Schizophrenen eingelebt hat, geformt (U. H. PETERS, 1977). Die Natur solcher Beziehungen wird nach diesen Vorbemerkungen ohne weitere Kommentare in dem anschaulichen Bericht BLUMHARDTs deutlich.

»Gottliebin Dittus ist ledig, ohne Vermögen, 28 Jahre alt, und bewohnt seit vier Jahren gemeinschaftlich mit drei gleichfalls ledigen Geschwistern, unter welchen ein halbblinder Bruder, sämtlich älter als sie, ein geringes Parterrelogis in Möttlingen.« Dort war BLUMHARDT am 31. 7. 1838 Pfarrer geworden. Es kam schon bald zu merkwürdigen Erscheinungen. Die Gottliebin hörte manches Unheimliche im Haus und fiel beim Tischgebet bei den Worten »Komm, Herr Jesus« bewußtlos zu Boden. Als sie Dezember 1841 bis Februar 1842 krank war, begann ihr besonderes Verhältnis zu BLUMHARDT, »indem sie, wenn sie mich sah, beiseite blickte, meinen Gruß nicht erwiderte, wenn ich betete, die vorher gefalteten Hände auseinanderlegte«. Also eine Provokation, die bereits des jungen Pfarrers Aufmerksamkeit und Ehrgeiz erregte. Dann wurde von Visionen erzählt, welche die Gottliebin hatte. Es traten Ohnmachten auf, in denen sie wie gestorben wirkte, schließlich kamen Krämpfe, offensichtlich hysterische Anfälle: »Ihr ganzer Leib zitterte, und jeder Muskel am Kopf und an den Armen war in glühender Bewegung, wiewohl sonst starr und steif. Dabei floß häufig Schaum aus dem Mund.« Ein anderes Mal: »Sie verdrehte die Arme, beugte den Kopf seitwärts und krümmte den Leib hoch empor, und Schaum floß abermals aus dem Munde.« Der junge Pfarrer kam öfter und sah in Begleitung anderer »den schrecklichen Konvulsionen zu«. Eines Tages sprach er der Bewußtlosen ins Ohr, sie solle beten »Herr Jesu, hilf mir«. Sie erwachte nach wenigen Augenblicken, tat wie geheißen und war sofort ohne Krämpfe und Beschwerden. Dieser Augenblick des völlig unerwarteten Erfolgserlebnisses des Pfarrers entschied über das weitere Leben beider. »Dies war der entscheidende Zeitpunkt, der mich mit unwiderstehlicher Gewalt in die Tätigkeit für die Sache hineinwarf. Ich hatte vorher auch nicht den geringsten Gedanken daran gehabt.« Er hinterließ beim Fortgehen, man solle ihn rufen, wenn die Krämpfe wiederkehren sollten. Das war bereits denselben Abend um zehn Uhr der Fall. Dasselbe Verfahren wurde mit demselben

Erfolg angewendet, jedoch wurde es immer häufiger notwendig. Dann fing eine verstorbene Frau, die sie zuvor wiederholt als Vision gesehen hatte, an, aus ihrem Munde zu sprechen, sie habe zwei Kinder gemordet, der Teufel sei bei ihr. Einige Tage später wiederholte sich das, drei, dann sieben, schließlich vierzehn Dämonen fuhren aus, später waren es Hunderte und Tausende. Der Pfarrer, der kein exorzistisches Ritual, sondern nur Zwiesprache mit den Dämonen, Gebet und Fasten anwendete, war immer wieder erfolgreich, jedoch mußte er stets spätestens nach einigen Tagen von neuem beginnen, manchmal mußte er die ganze Nacht bleiben. Jedes Mal hoffte er, sie werde jetzt das letzte Mal seiner Hilfe bedürfen. Der »Kampf« dauerte aber zwei Jahre, in denen nicht nur Krämpfe bestanden, sondern auch mancher Fremdkörper von BLUMHARDT aus dem Körper der Gottliebin entfernt werden mußte. Endlich am 28. 12. 1843 trat das dramatische Ende des Kampfes ein. »Da dröhnte aus der Kehle des Mädchens zu mehreren Malen, ja wohl eine Viertelstunde andauernd, nur ein Schrei der Verzweiflung, mit einer erschütternden Stärke, als müßte das Haus zusammenstürzen.« Nach diesem »Urschrei« trat »ein so starkes Zittern« auf, als wollten sich alle Glieder voneinander abschütteln. Schließlich brüllte um zwei Uhr morgens der »Satansengel« aus ihr »mit einer Stimme, die man kaum bei einer menschlichen Kehle für möglich halten sollte . . . ›Jesus ist Sieger‹«. Um acht Uhr morgens war sie endgültig und für dauernd von allen Geistern und Dämonen frei. Auch in diesem Ende wird die Parallele zu JANOVS (1973, 1974, 1975, 1976) Primärtherapie noch einmal deutlich.

Die besondere Beziehung zwischen Exorzist und Besessenem läßt somit schon alle Elemente einer psychotherapeutischen Beziehung erkennen. Es gibt eine primäre, unbewußte Anziehung, von der später gesagt wird, daß sie sich nach der Vater-Mutter-Geschwister-Imago richtet. Es entsteht eine langanhaltende, im engeren Sinne therapeutische Beziehung, deren besondere Struktur, wie man heute sagen würde, es erlaubt, unbewußtes Material frei zu äußern. Der Therapie-Erfolg bleibt nicht aus, die Lösung von persönlicher Übertragung und therapeutischer Beziehung gelingt jedoch nicht (über Versuche dazu wird leider nichts berichtet). Aber der ganze Vorgang bleibt für alle Beteiligten und also auch für den Therapeuten noch völlig im verborgenen, obwohl sein Vorhandensein das tragende Element der Therapie ist. Die Struktur der exorzistischen Technik schafft einerseits die Nähe, andererseits die Distanz zwischen Therapeut und Patient, was bis heute eine Funktion jeder psychotherapeutischen Technik geblieben ist, allerdings damals in seiner Bedeutung auch noch völlig unerkannt war.

Beziehung zwischen Hypnotiseur und Hypnotisiertem: ›Rapport‹

Deutlich wird das Phänomen der psychotherapeutischen Beziehung, als mit der Entwicklung der Hypnose und ihrer Vorläufer die immaterielle Beziehung zwischen Arzt und Patient zum Hauptinhalt einer Krankenbehandlung wird. Dies wird schon bei MESMER und den frühen Magnetiseuren deutlich, als mit den ersten Erfahrungen auch schon von MESMER der bis heute gebrauchte Begriff *Rapport* geprägt wird, von dem FREUD viel später sagt, er stelle den »Prototyp der Übertragung« dar, womit FREUD sein Übertragungs-Gegenübertragungs-Modell übrigens deutlich an der Hypnotherapie orientierte. MESMER war tatsächlich der erste, der diese psychotherapeutische Beziehung systematisch zu Behandlungszwecken ausnutzte, freilich immer noch, ohne den Vorgang im einzelnen ganz zu durchschauen.

Es ist nicht ganz klar, was MESMER dazu veranlaßte, diesen Begriff zu wählen. ELLENBERGER vermutet, die Bezeichnung entstamme der physikalischen Sprache der damaligen Zeit, was nicht recht überzeugend ist. MESMER, der Französisch als seine Hauptsprache benutzte, fand das Wort in der Bedeutung des militärischen Berichts, aber auch des ärztlichen Gerichtsgutachtens vor. Möglicherweise wollte er schon das Übergehen von Information deutlich machen. Die Bezeichnung ist noch heute in Gebrauch, hat aber nach Verlassen der Hypnose als alleiniger Therapieform und auch des dazugehörigen Lehrgebäudes seine alte Bedeutung verloren. Heute bezeichnet ›Rapport‹ nur noch die während einer Hypnose bestehende Bewußtseinsbeziehung zwischen Hypnotherapeut und Patient.

MESMER lehrt schon ganz explizit, daß man als Vorbedingung für eine magnetische (= hypnotische) Behandlung eine (gefühlsmäßige) ›Einstimmung‹ mit dem Patienten herstellen müsse, den ›Rapport‹. Dies meint zunächst nicht mehr, als daß zwischen Arzt und Patient das Gefühl gegenseitigen Verstehens und Vertrauens auf einer averbalen Mitteilungsebene entstehen müsse, eine Reflexion, die für die damalige Medizin aber völlig neu ist. Erst fast 150 Jahre später meint EUGEN BLEULER (1911) etwas Ähnliches, wenn er feststellt, er habe durch intensives Zusammenleben mit den viele Jahrzehnte für unverständlich gehaltenen Schizophrenen einen »affektiven Rapport« herstellen können. In der weiteren Entwicklung des animalischen Magnetismus wurde dann aber bald deutlich, daß *Rapport* das zentrale Phänomen darstellt. Man beobachtete, daß der Einfluß des Therapeuten weit über die magnetische Sitzung hinausging und nicht nur die 1787 erstmalig beschriebenen posthypnotischen Aufträge beinhaltete. Der Begriff *réciprocité magnétique* hebt die *wechselseitige* Beeinflussung von Therapeut und Patient schon deutlich heraus. BURDIN und DUBOIS warnen aus diesen Gründen 1841 vor zu häufigen und zu lange fortgesetzten Sitzungen. Aber auch das Problem, ob es möglich sei, den Einfluß des Therapeuten so weit auszudehnen, daß der Patient unmoralische Handlungen ausführe, ist zum damaligen Zeitpunkt bereits vorhanden und vermag bis heute Romane und Fernsehsendungen zu füllen. Was aber damals wie heute wenig verstanden bzw. wenig beachtet wurde, ist, wie der Hypnotiseur selbst auf die Hypnose und seinen Patienten reagiert. Es übte damals schon die Wiederholung der Hypnose auch auf den Hypnotiseur eine besondere Anziehung aus. Auch heute kann man noch aus der großen Leidenschaft und oftmals Einseitigkeit und Ausschließlichkeit, mit der manche Hypnotherapeuten Hypnosen durchführen, schließen, daß diese Therapieform auch ihnen selbst eine Genugtuung verschafft, die sie selbst nicht oder nur mangelhaft durchschauen. Solche ›Hypnotiseure‹ haben auch literarische Darstellung gefunden, zum Beispiel im *Wunschkind* von INA SEIDEL.

Man kam immerhin bald dahin, vom eigentlichen Rapport während der magnetischen Sitzungen noch den magnetischen ›Zustand‹ zu unterscheiden, mit dem der Einfluß des Magnetiseurs auf den Magnetisierten zwischen den Sitzungen bezeichnet wurde. SCHUBERT (1940) wies darauf hin, daß manche Patienten nur das tränken, was der Magnetiseur berührt habe, und daß die Patienten medizinische Theorien anzunehmen pflegten, die der Magnetiseur im Sinn habe. GMELIN und HEINECKEN war sogar aufgefallen, daß manche Patienten, die vom gleichen Magnetiseur magnetisiert worden waren, sich voneinander angezogen fühlten. ELLENBERGER weist ferner auf einen anonymen schottischen

Autor hin (›Anonymus‹), der beobachtet hatte, daß solche Patienten einander ›mesmerische‹ Namen gaben und sich als Brüder und Schwestern betrachteten.

Von hier aus sind die Parallelen zur Psychoanalyse nicht schwer zu ziehen, wenn man bei der Betrachtung einmal die Schulen gleichwertig nebeneinander gelten läßt und nicht schulengebunden argumentiert. Es ist unter Analytikern im Prinzip bekannt, daß der persönliche Einfluß des Analytikers bis in die Träume hineingeht und daß ein psychoanalytischer Patient nicht nur dazu veranlaßt werden kann, *daß* er träumt, sondern auch *was* er träumt (›Gefälligkeitsträume‹). Der Patient eines Freudianers wird freudianisch, der eines Jungianers jungianisch träumen, ohne daß sich Patient und Therapeut über die Wege dieses Einflusses immer recht im klaren sind. Auch die geschwisterliche Beziehung zum Beispiel unter den Schülern (Lehranalysanden) eines Analytikers ist wohlbekannt. Solche durch die gleiche Analyse gegangenen Analytiker bezeichnen sich oft untereinander als »Milchgeschwister« und verspüren gewöhnlich nicht nur eine Anziehung untereinander, sondern entwickeln auch Geschwisterrivalitäten, die oft lebenslang ausgetragen werden. FREUD bezieht sich bei seinen Vergleichen zwischen Hypnose und Übertragung immer nur auf den Rapport während der hypnotischen Sitzung, während die Parallele in Wirklichkeit viel weiter geht.

Merkwürdigerweise ging um die Jahrhundertmitte, möglicherweise unter dem Einfluß des bald alles beherrschenden Positivismus, die Entwicklung zunächst andere Wege. War schon unter den Magnetiseuren unter der Bezeichnung ›Rapport‹ die psychotherapeutische Arzt-Patienten-Beziehung recht gut strukturiert und damit überschaubar und handhabbar geworden, wurden diese Beziehungen nach und nach immer verschwommener. CHARCOT hatte zwar der alten Therapieform unter ihrer neuen Bezeichnung Hypnose zu wissenschaftlicher Reputation verholfen, schenkte aber der Seite des Rapports keine Beachtung. Dies mag durchaus erklären, warum ihm seine eigene Beziehung zu seinen Vorführpatientinnen, insbesondere zu BLANCHE WITTMANN, entging, er sogar des wissenschaftlichen Schwindels beschuldigt werden konnte, was gegen sein Lebensende seiner wissenschaftlichen Reputation außerordentlich schadete. Aber auch die Schule von Nancy, welche diese Seite an CHARCOTS

Vorführungen und zu Recht stets kritisierte, schenkte der besonderen hypnotherapeutischen Beziehung im eigenen Bereich keine Beachtung.

Ein anderer Grund für das weitgehende Vergessen der hypnotherapeutischen Beziehung ist in den Einseitigkeiten der inzwischen führend gewordenen BRAIDschen Hypnoselehre zu suchen. War in den Anfangszeiten des Magnetismus der »Kraft« des Magnetiseurs eine unnötige und durch die Beobachtungen nicht zu rechtfertigende Beachtung geschenkt worden, so setzte BRAID den Akzent ganz auf die andere Seite. Zwar führte dies zu weiterer Entmystifizierung und damit weiterer Anerkennung des nun Hypnose genannten Phänomens. BRAID stellte aber die Rolle des Patienten und die Selbstinduktion der Hypnose zu stark in den Vordergrund seiner Lehre. BRAIDS Auffassung setzte sich durch, so daß Hypnose schließlich weitgehend als aktive Leistung des Hypnotisierten aufgefaßt werden konnte, wobei der Hypnotherapeut nur eine neutrale Mittlerfunktion übernimmt. Auch gegenwärtig beherrscht diese Auffassung noch weitgehend die Diskussion.

Ende des 19. Jahrhunderts hat aber JANET noch einmal in sehr eindringlicher Weise die Therapeut-Patienten-Beziehung in der Hypnose beleuchtet und weiter verstehbar gemacht. JANETS Bedeutung ist schon häufiger gewürdigt worden. Dennoch hält sich sein Einfluß bis heute in Grenzen. Der Grund ist auf der einen Seite darin zu suchen, daß JANET in weiten Bereichen auf dem Boden der bisherigen Lehren blieb, sie verfeinerte und wandelte, seine neuen Ideen aber nicht zu einem geschlossenen System zusammenfügte, so daß sie erst einzeln von anderen aufgegriffen und fruchtbar gemacht werden mußten. Andererseits wurde sein Werk weder von der Schule der Salpêtrière, der er selbst im allgemeinen zugerechnet wird, noch von FREUD und den Freudianern viel beachtet, obwohl sich hier besonders zahlreiche Parallelen finden lassen. JANET hat seine Vorstellungen zur hypnotherapeutischen Beziehung am ausführlichsten 1896 in einem in München gehaltenen Vortrag ausgeführt.

JANET teilt die Zeit des »Einflusses« (der Therapeut-Patienten-Beziehung) außerhalb der hypnotischen Sitzungen und auf die Dauer einer langen Hysteriebehandlung gesehen, in zwei Phasen. In der *ersten* Phase findet nach JANET »scheinbar« eine erhebliche Besserung statt, indem der Patient einen Teil seiner

Symptome verliert. Der Patient fühle sich glücklicher, intelligenter, aktiver und denke nicht viel an seinen Hypnotiseur. Übertragen auf eine gleiche psychoanalytische Behandlungssituation heißt es heute noch, daß der Patient dem Therapeuten zuliebe zunächst auf einen Teil seiner Symptome verzichte. JANET machte nun die Beobachtung, daß in der ersten Phase die Beeinflußbarkeit des Patienten über posthypnotische Aufträge am größten ist. – Die *zweite* Phase nennt JANET die der »somnambulen Leidenschaft« (JANET verwendet hier den Ausdruck »somnambul« in seiner alten Bedeutung; hier soviel wie »im Banne der Hypnose« oder »im Banne des Hypnotiseurs«). Der Patient verspürt in dieser zweiten Phase verstärkt das Bedürfnis, den Hypnotiseur aufzusuchen, und entwickelt Leidenschaften in Form glühender Liebe, Eifersucht, abergläubischer Furcht und tiefen Respekts. Dies wird begleitet vom Gefühl, angenommen oder abgelehnt worden zu sein. Auf die psychoanalytische Situation übertragen wird bei der gleichen Phase oft von »Flitterwochen« der Therapie gesprochen. Der Patient sieht in dieser Phase in seinem Therapeuten einen außergewöhnlichen Menschen und betrachtet ihn oft als omnipotent, er beobachtet an ihm Eigenschaften, die er im Urteil anderer nicht besitzt (später von JANET *acte d'adaption*, Akt der Annahme, genannt). Oder die Therapie wird auch aus ebenso starken, aber negativen Gefühlen abgebrochen. JANETs spätere Beobachtungen (1897) gehen aber noch weiter, indem festgestellt wird, daß die in der zweiten Phase auf den Therapeuten gerichteten Gefühle Elemente von erotischer Leidenschaft, kindlicher oder mütterlicher Liebe und anderes enthalten, wobei in ihnen jeweils eine bestimmte Art von Liebe enthalten sei. Auch hierin wird der moderne Leser mühelos einzelne Aspekte von FREUDs Beschreibung über die Bedingungen der Übertragung erkennen. JANET fügt aber noch einen weiteren Faktor hinzu, den er *besoin de direction*, Bedürfnis, geführt zu werden, nennt. Heute spricht man bei diesem Phänomen von Abhängigkeitsbedürfnis.

Um die aufgezeigte Situation zu beherrschen, gibt JANET technische Ratschläge: Der Therapeut müsse (in der therapeutischen Phase) die Herrschaft über den Patienten vollständig übernehmen, ihn aber später lehren, allmählich ohne ihn auszukommen. Dies erreiche man dadurch, daß man die Abstände zwischen den Sitzungen allmählich vergrößere und dem Patienten seine Ge-

fühle (gegenüber dem Therapeuten) allmählich bewußtmache.
Jeder Therapeut weiß heute, daß diese Ablösung des Patienten
vom Therapeuten (oft »Abnabelung«, also *Trennung von Mutter
und Kind* genannt) eine der schwierigsten Phasen geblieben ist.

Im Laufe der hypnotherapeutischen Epoche der Psychotherapie sind somit die meisten Einzelheiten der heute Übertragung-
Gegenübertragung genannten psychotherapeutischen Beziehung schon herausgearbeitet worden: Das gegenseitige Verhältnis von Hypnotherapeut und Patient nicht nur in der
Hypnosesitzung und im posthypnotischen Auftrag, sondern
darüber hinaus für die ganze Episode der – auch damals schon
über lange Zeit fortgesetzten – Therapie und selbst darüber hinaus. Der Einfluß von Mutter- und Vater-Bildern, des erotischen
Moments, das Abhängigkeitsbedürfnis und die verschiedenen
Entwicklungsstadien dieser Beziehung sind bekannt geworden
und werden – im Gegensatz zur exorzistischen Beziehung – bewußt therapeutisch genutzt. Selbst die schließliche Ablösung des
Patienten vom Hypnotiseur ist als ein Problem erkannt, und es
werden von Janet Techniken zu ihrer Bewältigung angegeben,
die später von C. G. Jung wieder aufgegriffen werden. Freud
hat zwar immer wieder geäußert, daß die Einführung psychoanalytischer Therapie gerade aus dem Grunde nötig gewesen sei,
weil es in der Hypnose stets zu lebenslanger Abhängigkeit des
Patienten vom Therapeuten gekommen sei. Diese Begründung
kann sich somit nur noch auf die nicht überall sicher gehandhabte
Technik der Hypnose-Ablösung beziehen, ist jedoch ihrem
Grund nach nicht stichhaltig. Freilich bedarf aus heutiger Sicht
die psychoanalytische Therapie einer solchen Begründung nicht
mehr, die in der Zeit ihrer Entstehung notwendig erschien.

›Rapport‹ und ›Übertragung‹ in den Anfängen der Psycho-
analyse

Als FREUD damit begann, sich für Hypnotismus und in der Folge davon immer mehr für Hysterie zu interessieren, war die Situation etwa folgende: Man kann davon ausgehen, daß FREUD gute Kenntnisse der Lehren nicht nur der Schule der Salpêtrière, sondern auch der Schule von Nancy hatte. Und es ist allgemein bekannt, daß FREUD ein Stipendium dazu benutzte, 1885/86 einen viermonatigen Aufenthalt bei CHARCOT zu finanzieren. Weniger bekannt ist, daß FREUD sich 1889 auch mehrere Wochen bei BERNHEIM und LIÉBAULT in Nancy aufhielt. Zuvor hatte FREUD 1888 BERNHEIMS Buch über die Suggestion ins Deutsche übersetzt. Aber wir hatten bereits gesehen, daß beide Schulen das Psychotherapeut-Patienten-Verhältnis wenig beachteten. Aus FREUDS eigenen Worten konnten wir schließen, daß ihm die Beziehung des ›Rapports‹ wohl bekannt war, daß er aber von den Schriften der alten Magnetiseure und erst recht der frühen Exorzisten wenig gelesen hatte. Dies entsprach dem Geist seiner Zeit, in der ein Wissenschaftler sich ungern auf MESMER und seine Gefolgsleute berief, die als nichtwissenschaftlich gelten mußten. Aber auch JAMES BRAID finden wir im Werk FREUDS nirgendwo erwähnt. Von JANETS Werk nahm FREUD bekanntlich kaum genauere Kenntnis und ging einer Auseinandersetzung aus dem Wege.

Wo FREUD auf Hypnose eingeht, bezieht er sich immer wieder auf die ihm bekannt gewordenen Schulen in Paris und Nancy. Am deutlichsten wird dies in den *Vorlesungen zur Einführung in die Psychoanalyse* (1917) formuliert (GW XI, 464).

»BERNHEIM hat die Lehre von den hypnotischen Erscheinungen mit unbeirrtem Scharfblick auf den Satz gegründet, daß alle Menschen irgendwie suggerierbar, ›suggestibel‹ sind. Seine Suggestibilität ist nichts anderes als die Neigung zur Übertragung, etwas zu eng gefaßt, so daß die negative Übertragung keinen Raum darin fand. Aber BERNHEIM konnte nie sagen, was die Suggestion eigentlich ist und wie sie zustande kommt. Sie war für ihn eine Grundtatsache, für deren Herkunft er keinen Nachweis geben konnte. Er hat die Abhängigkeit der ›suggestibilité‹ von der Sexualität, von der Betätigung der Libido nicht erkannt. Und wir müssen gewahr werden, daß wir in unserer Technik die Hypnose nur aufgegeben haben, um die Suggestion in der Gestalt der Übertragung wiederzuentdecken.«

Diese späte Formulierung macht noch einmal deutlich, wie sich FREUD selbst in dieser Hinsicht stets als in der Tradition stehend empfand, was allerdings von seinen Schülern schon nicht mehr übernommen wurde. Das Zitat zeigt noch einmal, daß FREUD nur in der Suggestion selbst eine Identität von Rapport und Übertragung sieht und somit die Parallelität zu eng faßt. Daß die negative Übertragung in der ganzen Hypnoseliteratur auch als Erscheinung nicht genannt wird, ist dagegen völlig zutreffend. Die Beziehung zwischen Sexualität und hypnotherapeutischer Beziehung ist zwar nicht bei BERNHEIM, aber doch bei JANET deutlich genannt.

Die Geschichte der Psychoanalyse selbst beginnt deutlich mit der Geschichte eines engen Übertragungs-Gegenübertragungs-Geflechts: Zwischen BREUER und der ersten psychoanalytisch behandelten Patientin, Anna O. (Deckname für BERTHA PAPPENHEIM). Man kann die Geschichte tragisch nennen oder sie für ein normales therapeutisches Problem halten, das nur im Anfang einer neuen Therapie nicht überschaut wurde; sicher ist jedenfalls, daß sowohl das Schicksal der Anna O. als auch das BREUERS durch diese Beziehung nachhaltig beeinflußt wurde. Die von BREUER erzeugte therapeutische Situation selbst war nicht neu, sondern bewegte sich im Rahmen von Methoden und Überlegungen, die zum Zeitpunkt ihrer Anwendung durch BREUER schon etwa 100 Jahre alt waren. Daß BREUER sich absichtlich in diesem Rahmen bewegt, geht aus der von ihm gebrauchten Nomenklatur hervor. In seinem Bericht über die Behandlung von Anna O. nennt er ihren Zustand einen spontanen beziehungsweise künstlichen Somnambulismus[1], er spricht vom Zweiten

[1] Die heute nicht mehr gebräuchliche Bezeichnung »spontaner Somnambulismus« wurde auf im ganzen 18. Jahrhundert viel beachtete spontan auftretende Zustände veränderten Bewußtseins angewandt, für die anschließend eine Erinnerungslücke besteht. Sie entsprechen weitgehend den heutigen Dämmerzuständen der verschiedenen Formen, bei Anna O. somit psychogenen Dämmerzuständen. Der 1784 von A. PUYSEGUR eingeführte Ausdruck »künstlicher Somnambulismus« bezeichnet den durch MESMERsche Technik (= Form der Hypnose) hervorgerufenen Zustand, bei dem die Fähigkeit zu reden und zu handeln erhalten bleibt. In ihrer gemeinsamen Arbeit bezieht sich BREUER im Gegensatz zu FREUD auf die ältere, weit vor BERNHEIM und CHARCOT liegende Tradition.

Zustand[2] *(état second)*, er weiß, daß es sich um hysterische Symptome handelt und daß man sie durch Hypnose beeinflussen kann. Auch daß die Patienten unter Hypnose sprechen und dies Teil der Behandlung ist, gehört zur traditionellen Behandlung der im Gefolge MESMERS stehenden Schulen. Zum Zeitpunkt des Behandlungsbeginns (1880) waren die älteren Methoden allerdings nur noch wenigen Ärzten bekannt. Das Neue an BREUERS Methode besteht darin, daß die »psychischen *Ereignisse der Krankheitsinkubation* (Hervorhebung durch BREUER) von Juli bis Dezember 1880, welche die gesamten hysterischen Phänomene erzeugt hatten und mit deren Aussprache die *Symptome verschwanden«* (desgl.) herausgearbeitet werden; hysterische Symptome können also verschwinden, wenn die mit ihrer Entstehung zusammenhängenden Erlebnisse verbalisiert werden. Was BREUER, jedenfalls für lange Zeit, völlig entging, war Anna O.s besonderes Verhältnis zu ihm selbst und noch mehr sein eigenes Verhältnis zu Anna O. Wir haben hier wieder das enge Verhältnis eines reifen Arztes (38 Jahre bei Beginn ihrer Erkrankung) mit einem jungen hysterischen Mädchen (21 Jahre) vor uns, das so oft am Beginn einer psychotherapeutischen Methode steht. Die Besonderheiten des Verhältnisses gehen aus BREUERS knappem Bericht nur hervor, wenn man zusätzliche Informationen hat, die im wesentlichen FREUD beigesteuert hat.

Breuers Übertragungsliebe gegenüber Anna O.

Anna O. wird von FREUD erstmalig in einem Brautbrief vom 13. Juli 1883, zwei Uhr nachts, erwähnt. Die Behandlung, die in den Jahren 1880–1882 durchgeführt worden war, lag zu diesem Zeitpunkt schon eine Weile zurück. »Heute war der heißeste, qualvollste Tag der ganzen Zeit. Ich war wirklich schon kindisch vor Ermattung. Ich merkte, daß ich einer Erhebung bedurfte und war darum bei BREUER, von dem ich eben so spät komme. Er hatte Kopfschmerz, der Arme, und nahm Salizyl. Das erste, was er tat, war, mich in die Badewanne zu jagen, aus der ich verjüngt herausstieg ... Dann nahmen wir oben in Hemdärmeln (ich schreibe jetzt in etwas stärker ausgesprochenem Negligé) Nacht-

---

[2] Heute etwa: mehrfach hintereinander auftretende psychogene Dämmerzustände.

mahl und dann kam ein langes medizinisches Gespräch über die
›Moral insanity‹[1] und Nervenkrankheiten und merkwürdige
Fälle, auch Deine Freundin BERTHA PAPPENHEIM kam wieder
aufs Tapet, und dann wurden wir intim-persönlich und sehr vertraut, und er erzählte mir manches, was ich erst wieder erzählen
soll, ›wenn ich mit Martha verheiratet bin‹, von Frau und Kindern . . .« FREUDS Formulierung, »auch Deine Freundin
BERTHA PAPPENHEIM (= Anna O.) kam wieder aufs Tapet«,
macht nicht nur deutlich, daß schon häufiger von ihr die Rede
war, sondern daß ihre häufige Erwähnung einen gewissen Über-
druß erzeugt hatte. Ferner impliziert die Briefstelle, daß FREUDS
Braut alles, oder doch sehr viel, über ihre »Freundin« BERTHA
PAPPENHEIM und ihre Beziehungen zu BREUER wußte. Schließlich signalisiert die etwas leichthändige Formulierung »kam aufs
Tapet« für »wurde besprochen« sowohl eine ironisierende Di-
stanzierung FREUDS als auch einen noch nicht abgeschlossenen
Verarbeitungsprozeß bei BREUER, der mit dieser Geschichte
seiner Umgebung schon etwas zu langweilen schien. Die Fortsetzung von FREUDS Satz thematisiert dann deutlich auch den sexuellen Inhalt der BREUER-PAPPENHEIMschen Verbindung, denn
BREUER und FREUD werden jetzt »intim-persönlich« und »sehr
vertraut«; BREUER erzählt etwas von Frau und Kindern, das
FREUD seiner Braut erst erzählen soll, wenn er mit ihr verheiratet
ist, weil es unschicklich ist, mit einem jungen, unverheirateten
Mädchen über Sexuelles zu sprechen.

Es gibt weitere Hinweise, daß FREUD schon in dieser frühen
Zeit das Besondere und Allgemeine von BREUERS Beziehung zu
BERTHA PAPPENHEIM erfaßte, obwohl er es stets mied, dieses
Verhältnis in der Öffentlichkeit näher zu analysieren. Die Posi-
tion eines unbeteiligten Beobachters gab FREUD aber besonders
gute Gelegenheit, die Entwicklung der Übertragung, hier der
Übertragungsliebe, zu verfolgen, die er an sich selbst vielleicht

---

[1] Von J. C. PRICHARD 1835 geprägte Bezeichnung für psychische Krankheit mit
»einer krankhaften Verkehrung der natürlichen Gefühle, Affekthandlungen,
Neigungen, Stimmungen, Gewohnheiten und natürlichen Strebungen, jedoch
ohne erkennbare Störung von Intelligenz, Gedächtnis und Urteilsfähigkeit und
insbesondere ohne krankhaften Sinnentrug und Halluzinationen« (PRICHARD).
Der Ausdruck wurde in seiner englischen Form oder in seiner Eindeutschung
»moralischer Schwachsinn« im 19. Jahrhundert auch außerhalb der Medizin stark
diskutiert und war daher auch FREUDS Braut bekannt.

erst später erlebte. LÉON CHERTOK (1968, 1973, 1975) hat
FREUDS »Entdeckung« der Übertragung darauf zurückgeführt,
daß ihm bei einer Hypnosesitzung 1892 eine Patientin um den
Hals fiel, und er nach und nach feststellte, daß die erotischen Ma-
nifestationen nicht ihm persönlich galten. Abgesehen davon, daß
es sich selbstverständlich nicht um eine »Entdeckung« im natur-
wissenschaftlichen Sinne handeln konnte, und auch die
BREUER-Anna O.-Beziehungen schon zurücklagen, handelte es
sich bei FREUDS Erlebnis 1892 um eine bei Hypnotiseuren geläu-
fige und daher auch FREUD bekannte Erfahrung.

In FREUDS wissenschaftlichem Werk tauchen Hinweise auf die
psychotherapeutische Beziehung ebenso wie das Wort »Übertragung« erstmalig in dem von ihm verfaßten theoretischen Teil
der gemeinsam mit BREUER publizierten *Studien über Hysterie*
auf.

»Bei anderen, die sich entschlossen haben, sich dem Arzte zu überliefern
und ihm ein Vertrauen einzuräumen, wie es sonst nur freiwillig gewährt,
aber nie gefordert wird, bei diesen anderen, sage ich, ist es kaum zu vermeiden, daß nicht die persönliche Beziehung zum Arzte sich wenigstens
eine Zeitlang ungebührlich in den Vordergrund drängt; ja, es scheint, als
ob eine solche Einwirkung des Arztes die Bedingung sei, unter welcher
die Lösung des Problems allein gestattet ist. Ich meine nicht, daß es an
diesem Sachverhalt etwas Wesentliches ändert, ob man sich der Hypnose
bedienen konnte oder dieselbe umgehen und ersetzen mußte. Nur fordert die Billigkeit, hervorzuheben, daß diese Übelstände, obwohl unzer-
trennlich von unserem Verfahren, doch nicht diesem zur Last gelegt werden können. Es ist vielmehr recht einsichtlich, daß sie in den
Vorbedingungen der Neurosen, die geheilt werden sollen, begründet
sind und daß sie sich an jede ärztliche Tätigkeit heften werden, die mit
einer intensiven Bekümmerung um den Kranken einhergeht und eine
psychische Veränderung in ihm herbeiführt.« (GW I, 265).

Die Bezeichnung »Übertragung« selbst wird einige Seiten weiter
(GW 1, 308 f.) verwendet, ohne ausdrücklich als technischer
Ausdruck eingeführt worden zu sein, wie übrigens häufig bei
FREUD, aber hier wohl, weil er davon ausgeht, daß die Sache
selbst dem Leser bekannt ist. Ausdrückliche Hinweise auf
BREUER oder Anna O. fehlen an dieser Stelle. Die Formulierun-
gen sind vielmehr sehr allgemein gehalten, schließen aber BREU-
ERS Verhalten immerhin mit ein. Es gibt jedoch an zwei weiteren
Stellen vorsichtig formulierte Hinweise auf FREUDS Meinung zu
BREUERS Verhalten.

»Wer die Breuersche Krankengeschichte im Lichte der in den letzten zwanzig Jahren gewonnenen Erfahrung von neuem durchliest, wird die Symbolik der Schlangen, des Starrwerdens, der Armlähmung nicht mißverstehen und durch Einrechnung der Situation am Krankenbette des Vaters die wirkliche Deutung jener Symptombildung leicht erraten. Sein Urteil über die Rolle der Sexualität im Seelenleben jenes Mädchens wird sich dann von dem ihres Arztes weit entfernen. Breuer stand zur Herstellung der Kranken der intensivste suggestive Rapport zu Gebote, der uns gerade als Vorbild dessen, was wir ›Übertragung‹ heißen, dienen kann. Ich habe nun starke Gründe zu vermuten, daß Breuer nach der Beseitigung aller Symptome die sexuelle Motivierung dieser Übertragung an neuen Anzeichen entdecken mußte, daß ihm aber die allgemeine Natur dieses unerwarteten Phänomens entging, so daß er hier, wie auch von einem ›untoward event‹ betroffen, die Forschung abbrach. Er hat mir hiervon keine direkte Mitteilung gemacht, aber zu verschiedenen Zeiten Anhaltspunkte genug gegeben, um diese Kombination zu rechtfertigen. Als ich dann immer entschiedener für die Bedeutung der Sexualität in der Verursachung der Neurose eintrat, war er der erste, der mir jene Reaktionen der unwilligen Ablehnung zeigte, die mir später so vertraut werden sollten, die ich damals aber noch nicht als mein unabwendbares Schicksal erkannt hatte.«

Trotz scheinbarer Offenheit und Kritik an Breuer bewegt sich in diesem Zitat Freuds Argumentation im Theoretischen. Breuer sah sich zwar sexuellen Wünschen Bertha Pappenheims gegenüber, erkannte aber nicht die allgemeine – und daher ihn persönlich nicht tangierende – Natur dieser Wünsche. Breuer erschrak also vor der Erkenntnis der sexuellen Wünsche der Anna O. ihm gegenüber, weil er gleichgerichtete sexuelle ihr gegenüber besaß.

In seinem Nachruf auf Breuer, der 1925 im Alter von 84 Jahren verstarb, hat Freud noch einmal auf diese Umstände angespielt, denn zu Breuers Weigerung einer Fortsetzung der Behandlung hysterischer Patientinnen äußerte er:

»Ich bekam später Grund zu der Annahme, daß auch ein rein affektives Moment ihm die weitere Arbeit an der Aufhellung der Neurose verleidet hatte. Er war mit der nie fehlenden Übertragung der Patientin auf den Arzt zusammengestoßen und hatte die unpersönliche Natur dieses Vorganges nicht erfaßt.« (GW XIV, 563).

Freud meint also, Breuer hätte diese sexuellen Wünsche nicht persönlich nehmen dürfen, beschreibt hier aber nicht den Grund dazu, nämlich Breuers Gegenübertragungsliebe. Freud hat sich noch mehrfach über Breuers Weigerung geäußert, die sexuelle Genese oder die sexuelle Grundlage der Übertragung überhaupt anzuerkennen, aber auch hier keine Analyse der Gründe dafür geliefert, die Breuer davon abgehalten haben mochten.

Die Kenntnis des weiteren Verlaufs der Beziehung Breuer-Anna O. geht immer noch auf E. Jones zurück, der sich nicht nur auf einen mündlichen Bericht von Freud, sondern auch auf die Einsicht in einige Briefe Freuds an seine Braut stützen konnte, die in der veröffentlichten Fassung der ›Brautbriefe‹ nicht enthalten sind. Nach Jones scheint Breuer in der Zeit der Behandlung von Anna O. »von nichts anderem gesprochen zu haben, so daß es seiner Frau lästig zu werden begann und sie schließlich eifersüchtig wurde. Sie zeigte es zwar nicht offen, aber sie wurde mißmutig und reizbar. Als Breuer, der mit seinen Gedanken anderswo weilte, nach langer Zeit endlich den Grund ihres Gemütszustandes erriet, kam es bei ihm zu einer heftigen Reaktion – wahrscheinlich eine Mischung von Liebe und Schuldgefühl –, und er beschloß, mit der Behandlung aufzuhören. Er teilte dies Anna O. mit, der es jetzt viel besser ging, und verabschiedete sich von ihr. Aber noch am selben Abend holte man ihn wieder zu ihr, und er traf sie in einem Zustand höchster Erregung. Die Patientin, die er bisher für ein völlig geschlechtsloses Wesen gehalten und die während der ganzen Behandlung nie eine Anspielung auf dieses verpönte Thema gemacht hatte, fand sich jetzt in den Wehen einer hysterischen Geburt (Pseudocyesis), dem logischen Abschluß einer Phantomschwangerschaft, die sich während Breuers Behandlung als deren Folge unsichtbar entwickelt hatte. Trotz seines Schreckens gelang es ihm, sie durch Hypnose zu beruhigen, bevor er entsetzt das Weite suchte. Tags darauf fuhr er mit seiner Frau nach Venedig auf eine zweite Hochzeitsreise; seine Tochter, die auf dieser Reise gezeugt wurde, sollte 60 Jahre später (in New York) Selbstmord begehen.«

»Diese Darstellung findet ihre Bestätigung in einem Brief, den Freud zu jener Zeit an Martha schrieb und der im wesentlichen die gleiche Version enthält. Sie identifizierte sich sofort mit Breuers Frau und gab der Hoffnung Ausdruck, es werde ihr nie etwas Ähnliches passieren, worauf er sie zurechtwies, wie sie sich einbilden könne, andere Frauen würden sich in ihren Mann ver-

lieben: ›Um Schicksale zu haben wie Frau Mathilde, muß man
die Frau eines BREUER sein.‹« (JONES I, 267f.).

Der letzte Satz deutet darauf hin, daß FREUD das Phänomen
der Gegenübertragung und Übertragungsliebe bei BREUER klar
erkannte, aber aus Diskretion nicht direkt beim Namen nannte.
BREUERS Verhalten, der die jahrelange Therapie bei Anna O. abrupt abbrach, mit seiner Frau nach Venedig fuhr und dort ein
(letztes) Kind zeugte, der später weder je etwas mit Anna O. zu
tun haben wollte, noch überhaupt mit der Behandlung von Hy-
sterikern, läßt sich am besten durch das Phänomen der Gegenübertragung verstehen. Über diesen Punkt scheint er selbst sich
nie klar geworden zu sein. Er benahm sich aber wie ein Liebha-
ber, der lange um eine Frau warb und nun, nachdem er einen
Fehler an ihr bemerkt hatte, sich einer vertrauten Freundin zu-
wandte, die ihn vorher nur noch wenig interessiert hatte, seiner
Frau. Er benahm sich auch wie der Zauberlehrling, dem der Be-
sen aus der Gewalt zu geraten droht. BREUERS Verhalten stellt
seiner persönlichen Moral zwar das ehrenvollste Zeugnis aus,
weil er sich weigerte, sich von Anna O. ganz bezwingen zu lassen, aber er verzichtete damit auch auf jeden Einfluß auf ihre
Neurose und auf Neurosen überhaupt.

In einem Brief FREUDS an STEFAN ZWEIG vom 2. 6. 1932 gibt es
weitere Hinweise. FREUD schreibt aus Anlaß der italienischen
Übersetzung des ZWEIG-Buches *Die Heilung durch den Geist.
Mesmer, Mary Baker-Eddy, Freud* (Leipzig 1931):

»Das war ein Anlaß, Teile Ihres Aufsatzes wieder zu lesen. Dabei ent-
deckte ich auf Seite 272 einen Irrtum der Darstellung, der nicht gleichgültig genannt werden kann, eigentlich auch mein Verdienst, wenn Sie diese
Rücksicht gelten lassen wollen, recht verkleinert. Es heißt daselbst,
BREUERS Kranke habe in der Hypnose das Geständnis gemacht, daß sie
am Krankenbett des Vaters gewisse ›sentimenti illeciti‹ (also sexueller
Natur) empfunden und unterdrückt hatte. In Wahrheit hat sie nichts
Ähnliches gesagt und erkennen lassen, daß sie ihren Zustand von Aufre-
gung, insbesondere ihre zärtliche Besorgnis vor dem Kranken verbergen
wollte. Wäre es so gewesen, wie in Ihrem Text behauptet wird, so wäre
auch alles anders gekommen. Ich wäre nicht durch die Entdeckung der
sexuellen Ätiologie überrascht worden, BREUER hätte es schwer gehabt,
ihr zu widersprechen, und ich hätte wahrscheinlich nie die Hypnose aufgegeben, mit der man so aufrichtige Bekenntnisse erreichen kann. Was
bei BREUERS Patientin wirklich vorfiel, war ich im Stande, später lange
nach unserem Bruch zu erraten, als mir plötzlich eine Mitteilung von
BREUER einfiel, die er mir einmal vor der Zeit unserer gemeinsamen Ar-

beit in anderem Zusammenhang gemacht und nie mehr wiederholt hatte. Am Abend des Tages, nachdem alle ihre Symptome bewältigt waren, wurde er wieder zu ihr gerufen, fand sie verworren, sich in Unterleibskrämpfen windend. Auf die Frage, was mit ihr sei, gab sie zur Antwort: Jetzt kommt das Kind, das ich von Dr. B. habe. In diesem Moment hatte er den Schlüssel in der Hand, der den Weg zu den Müttern geöffnet hätte, aber er ließ ihn fallen. Er hatte bei all seinen großen Geistesgaben nichts Faustisches an sich. In konventionellem Entsetzen ergriff er die Flucht und überließ die Kranke einem Kollegen. Sie kämpfte noch monatelang in einem Sanatorium um ihre Herstellung. Dieser meiner Rekonstruktion fühlte ich mich so sicher, daß ich sie irgendwo veröffentlichte. BREUERS jüngste Tochter (kurz nach Abschluß jener Behandlung geboren, auch das nicht ohne Belang für tiefere Zusammenhänge!) las meine Darstellung und befragte ihren Vater (es war kurz vor seinem Tod). Er bestätigte mich, und sie ließ es mich nachher wissen.«

Diese Darstellung bestätigt in weiten Bereichen noch einmal die Darstellung von JONES. Den heutigen Leser muß jedoch erstaunen, daß FREUD sich von der »Entdeckung der sexuellen Ätiologie überrascht« zeigt. Nachdem in der Geschichte der Hysterie diese eigentlich stets mit Sexuellem in Verbindung gebracht worden war (I. VEITH, 1965), es zu FREUDS Zeit schon eine entwickelte Sexologie gab und selbst CHARCOT – wie FREUD berichtet – wie selbstverständlich entsprechende Bemerkungen fallen ließ, gab es eigentlich keinen Grund zum Erstaunen mehr. Aber man weiß, daß das Thema Sexualität in FREUDS Auseinandersetzungen mit BREUER eine entscheidende Rolle spielte, wie auch bei den Auseinandersetzungen bei der Verbreitung der Lehre. Auch diese Stelle deutet darauf hin, daß FREUD die Übertragungsliebe bei BREUER erkannt hatte. Über das Schicksal der Anna O. wird bei JONES weiter gesagt, daß Anna O. nach ihrem Bruch mit BREUER in ein Privatsanatorium in Groß-Enzersdorf gebracht wurde, weil sie einen schweren Rückfall hatte. Dort verliebte sich der Psychiater leidenschaftlich in sie, was dazu führte, daß ihre Mutter eilends aus Frankfurt kam, um sie nach dort heimzuholen. Die BREUERsche Kur war also durchaus nicht so erfolgreich, wie sie in den *Studien zur Hysterie* geschildert wird, sondern hat nur vorübergehend eine Symptomabschwächung zur Folge gehabt, war also nur bis zur »scheinbaren Besserung« und »somnambulen Leidenschaft« JANETS gediehen.

Die Geschichte der Psychoanalyse beginnt somit deutlich mit einem nichtkontrollierten Übertragungs-Gegenübertragungs-Verhältnis. Dabei hat FREUD zwar das Übertragungsverhältnis erkannt, wahrscheinlich an diesem Verhältnis sogar erstmalig gesehen, dabei jedoch die Gegenübertragung vielleicht nicht deutlich erkannt, auf jeden Fall diskret verschwiegen. Darüber hinaus war FREUD aber selbst gleichzeitig in ein Übertragungsverhältnis gegenüber BREUER verstrickt, das er wiederum selbst nicht durchschaute.

Freuds eigene Übertragungen

Während FREUD die Beziehung BREUER-Anna O. verhältnismäßig unbefangen beurteilen konnte, da er selbst kaum beteiligt war, ging es ihm in seinen Beziehungen zu BREUER und auch CHARCOT schon nicht anders. Diesen beiden starken Persönlichkeiten gegenüber, die beide für eine Zeitlang eine väterliche Führungsrolle für FREUD zu übernehmen hatten, bewahrte FREUD Zeit seines Lebens eine ambivalente Haltung, deren Beziehungen zu seinen frühkindlichen Wurzeln er nie kennenlernte. Bei BREUER ist deutlich, daß FREUD BREUERS Anteil an der Entstehung der Psychoanalyse überschätzte, denn die von BREUER mehr naiv als bewußt bei Anna O. – seiner einzigen psychoanalytischen Patientin – durchgeführte Behandlung hat in Wahrheit kaum einen Einfluß auf das eben entstehende Lehrgebäude der Psychoanalyse, aber BREUER hatte diesen starken Einfluß auf FREUD, der deshalb so hartnäckig auf BREUERS Beitrag bestand. BREUERS eigener theoretischer Beitrag in den *Studien zur Hysterie* bleibt in jeder Hinsicht innerhalb der vorhandenen Traditionen.

Ganz deutlich wird später eine, auch therapeutisch gemeinte Übertragungsbeziehung zwischen FREUD und FLIESS, wie SCHUR überzeugend aufgezeigt hat. SCHUR stellt heraus, daß FREUDS intensive Freundschaft zu FLIESS gerade in die Zeit seiner Selbstanalyse fällt, und führt es darauf zurück, daß FREUD ein intensives Bedürfnis nach einem Übertragungsobjekt gewann, wodurch auf der anderen Seite gerade deutlich wird, wie bedeutungsvoll, ja unentbehrlich Übertragungsphänomene in der psychoanalytischen Situation sind.

»FREUDS langdauernde Periode der Herzbeschwerden, während deren FLIESS allmählich die Rolle des Arztes, dem er voll vertraute, übernahm, des Schiedsrichters über Leben und Tod, des strengen Verweigerers, des Erzwingers der Abstinenz. Zweifellos trug das nicht nur dazu bei, daß ihre Beziehung sehr schnell an Intensität gewann, sondern auch zu dem stürmischen Verlauf dieser Beziehung.

Die wiederholten, von FLIESS vorgenommenen chirurgischen Eingriffe an FREUDS Nase und Nebenhöhlen. – Die Reaktion von FLIESS, die offenbar die Entwicklung einer bestimmten Art von Beziehung nicht nur erlaubte, sondern herausforderte und beförderte.

Welche Aspekte der Beziehung FREUDS zu FLIESS waren einer Übertragungsbeziehung in der analytischen Situation vergleichbar? Einmal die extreme Überschätzung des Objekts, welche die kritische Bewertung von dessen Qualitäten, Arbeit, wissenschaftlichen Leistungen etc. beeinträchtigt; dann ein übertriebenes Verlangen nach Zustimmung und Lob; die Neigung, alle negativen Gefühle zu verleugnen; das Hin- und Herschwanken zwischen Unterordnung und Trotz, das die Ambivalenz anzeigt, die in jeder regulären Analyse unvermeidbar ist.

Plötzliche Ausbrüche von Feindseligkeit, die sich in Fehlleistungen, Träumen und sogar in kaum verhüllten verschobenen Schuldgefühlen oder in Symptombildung äußern kann; die Sexualisierung der Beziehung. Diesen Aspekt hat FREUD erst später erkannt, oder jedenfalls anerkannt . . .

Für das Bedürfnis, ein exaltiertes Bild von dem Analytiker zu bewahren, ist es charakteristisch, daß jedes Anzeichen von Schwäche übelgenommen und gefürchtet wird. Das gilt auch für eine physische Krankheit des Analytikers, und jede solche Krankheit – vor allem, wenn deren Einzelheiten dem Analysanden bekannt sind – führt in der Regel zu einer Spannung in der Übertragungsbeziehung.

Dieses Element war während der längeren einleitenden Phase von FREUDS Selbstanalyse recht ausgeprägt.« (SCHUR S. 99/100).

SCHUR spricht zur Unterscheidung zwischen einer Übertragung in der regulären Analyse und den Erscheinungen während FREUDS Selbstanalyse von einer ›übertragungsähnlichen Erscheinung‹ oder ›Beziehung‹. Er führt im einzelnen aus, warum er meint, daß FREUD sich durch FLIESSENS Krankheit (es handelt sich um Erkrankungen der Nase) beeinträchtigt und verunsichert fühlte. Allerdings geht SCHUR nicht darauf ein, daß die ständigen Befürchtungen FREUDS um FLIESSENS Nase und auch die Manipulationen von FLIESS an FREUDS Nase – die Gelegenheiten dazu werden von SCHUR immer wieder erwähnt – eine symbolische autoerotische Bedeutung besitzen.

Offenbar hat FREUD auch später keine Einsicht in das Besondere seiner Beziehung zu FLIESS gewinnen können, denn noch 23 Jahre nach dem ziemlich abrupten und vollständigen Bruch mit FLIESS schreibt FREUD, nachdem ihm berichtet worden war, daß Fliess sich warmherzig nach seiner Krankheit erkundigt habe, am 20. 10. 1925 in einem Rundbrief: »Dieser Ausdruck der Sympathie nach 20 Jahren läßt mich ziemlich kalt« (Jones III, 143), wobei die Formulierung »ziemlich kalt« deutlich das Gegenteil seiner wahren Gefühle zum Ausdruck bringt, die auch zu diesem Zeitpunkt noch alles andere als kalt sind. Bei einiger Einsicht in die Natur seines Verhältnisses zu Fliess hätte Freud nicht in dieser affektiven Form zu reagieren und Fliess nicht jede Höflichkeit zu entziehen brauchen.

Erich Fromm führt in seinem Buche *Sigmund Freuds Sendung* Freuds Verhalten gegenüber Freunden auf sein Verhältnis zur Mutter zurück, die er bis in sein eigenes 75. Lebensjahr wöchentlich in Wien besuchte und deren lebenslang uneingeschränkte Bewunderung ihm wahrscheinlich die stärkste Ich-Stärkung bedeutete. Aber

»das überstarke Selbständigkeitsbedürfnis ließ ihn das Wissen um seine Anlehnungsgefühle verdrängen und sie dadurch demonstrativ negieren, daß er Freundschaften abrupt abbrach, sobald er spürte, daß der Freund die ihm zugewiesene Mutterrolle nicht ganz durchhielt. Alle seine großen Freundschaften nahmen denselben Verlauf: Einige Jahre hindurch enge freundschaftliche Beziehungen, darauf vollständiger Bruch und Feindschaft, die sich meistens zu Haß steigerte. Dies Schicksal ereilte seine Freundschaft mit Breuer, Fliess, Jung, Alfred Adler, Otto Rank, ja sogar sein intimes Bündnis mit Sándor Ferenczi, dem getreuesten der Jünger.« (Fromm S. 63).

Die Schwierigkeiten von Freuds Übertragungen lassen sich auch aus dem Hergang des Bruches mit Jung ablesen, wie er sich im Briefwechsel widerspiegelt und der gerade an dieser Stelle die besonders innige Verflechtung von Theorie und Biographie aufzeigt. In einem Brief von Silvester 1911 kommt Freud wie beiläufig auf seine einzige Arbeit zum Thema Übertragung zu sprechen.

»Gleichzeitig erhalten Sie einen ersten, wahrscheinlich enttäuschend dürftigen Brocken ›Technik‹. Der nächste wird nicht besser sein, nur unklarer. Es gerät nie, wenn ich über Aufforderung, ohne innere Nötigung schreibe, wie es bei diesen Aufsätzen war. Mein zweiter ›Beitrag zum Liebesleben‹ ist fertig und wird Ihnen zugehen, wenn ich Ihre Antwort über die ›Audition colorée‹ habe, d. h.: mit dieser oder allein. Er klingt pessimistisch aus, da ich an trüben Tagen geschrieben habe und meiner Objektivität nicht sicher bin, habe ich noch einen abschwächenden

Schluß darangeflickt. Die Arbeit, seit einem Jahr fertig, ist doch noch nicht ganz gereift gewesen.«

FREUDS zwar häufig nach der Niederschrift von Arbeiten bekundetes Unbehagen erscheint hier tiefer begründet. Er schreibt, der Aufsatz werde »unklarer« sein und entschuldigt sich nun mit der Pflichtarbeit, wobei wir das Fehlen der von ihm beklagten »inneren Nötigung« als das Vorhandensein einer inneren Hemmung auslegen dürfen. Die Sache wird noch sehr viel deutlicher, wenn man den Inhalt des nächsten Briefabsatzes betrachtet, der unmittelbar an die oben zitierte Stelle anschließt.

Es ist da von einer Frau C.[1] die Rede, die schon öfter im Briefwechsel eine Rolle gespielt hatte. Es handelte sich bei der Patientin offenbar um eine phobisch-anankastische Symptomatik, die unter FREUDS Behandlung eher schlechter als besser geworden war und die FREUD wie JUNG für unheilbar hielten, wie sie sich gelegentlich mit sarkastischen Worten mitteilten. Frau C. hatte aber auch die unglückliche Eigenschaft (mancher Patientinnen), zwischen den Ärzten zu agieren und alle gegeneinander aufzubringen. Schon FREUDS Behandlung hatte drei Jahre früher auf diese Weise begonnen, nachdem sie, wie sie zu FREUD gesagt hatte, in FREUDS Behandlung gelangte, weil R. THOMSEN in Bonn ihr davon mit den Worten abgeraten hatte, da werde es schlimmer. FREUD deutete dies als Selbstbestrafungstendenz, bemerkte aber offenbar nicht die ebenfalls vorhandene Absicht der Aufwiegelung. JUNG scheint Frau C. von früher gekannt zu haben, jedenfalls tauchte sie 1911 bei ihm auf und wurde an PFISTER weitergeleitet.[2] Schon in JUNGS Brief vom 18. 5. 1911 klingt das Thema Übertragung bei Erwähnung der Frau C. an, im Brief FREUDS vom 28. 12. 1911 mit deutlicher Verstimmung. Frau C. bildete dann den unmittelbaren Anlaß für das Zerwürfnis zwischen FREUD und JUNG, das zwar sicher tiefer begründet ist, aber sich an Frau C. und der mit ihr zusammenhängenden Diskussion über Übertragung entzündete.

---

[1] Leider konnte ihre Identität nicht festgestellt werden; auch Kennern wie K. EISSLER und M. GROTJAHN – für deren Bemühungen hier nochmals gedankt sei – ist Frau C. nicht bekannt.

[2] In FREUDS veröffentlichter Korrespondenz mit PFISTER findet sich kein Niederschlag dieser Angelegenheit, die FREUD also offenbar allein auf JUNG bezieht.

Fortsetzung von FREUDS Brief an JUNG vom 31. 11. 1911: »Die C. – hat mir von Ihnen und PFISTER allerlei erzählt, wenn man dies Andeuteln erzählen heißen kann, woraus ich schließe, daß Sie beide noch nicht die nötige Kühle in der Praxis erworben haben, sich noch einsetzen und von der eigenen Person vieles hergeben, um dafür Entgegnung zu verlangen. Darf ich, würdiger alter Meister, mahnen, daß man sich bei dieser Technik regelmäßig verrechnet, daß man eher unzugänglich bleiben und auf dem Empfangen bestehen soll? Lassen wir uns nie von den armen Neurotikern verrückt machen. Der Aufsatz über die ›Gegenübertragung‹, der mir notwendig scheint, dürfte allerdings nicht gedruckt werden, sondern müßte unter uns in Abschriften zirkulieren. Wenn bei Ihnen wirklich eine Verstimmung gegen mich besteht, so braucht die C. – nicht die Veranlassung zu sein, um sich darüber zu äußern. Ich bitte Sie also, wenn sie von Ihnen verlangt, Sie sollten mir über jene Konversation mit ihr berichten, so lassen Sie sich nicht von ihr beeinflussen oder beauftragen, sondern warten ruhig meine nächste Untat ab, um dann mit ihr abzurechnen. Die letzte Auseinandersetzung dieser Art hatte ich mit FERENCZI, der mich verschlossen und unzugänglich fand und sich über meine Unzärtlichkeit bitter beklagte, seitdem aber sein Unrecht und meine Verständigkeit voll zugegeben hat. Ich stelle nicht in Abrede, daß ich gerne recht behalte. Es ist das im Ganzen ein trauriges Vorrecht, da es vom Alter verliehen wird. Bei Euch Jungen scheint es sich um ein Unverständnis in der Behandlung des Vaterkomplexes zu handeln.«

Es wird sichtbar, daß Frau C. mit »Erfolg« ihr Arrangement getroffen hat. Sie hat FREUD offensichtlich Dinge erzählt, aus denen er nicht nur entnimmt, daß ein technischer Behandlungsfehler durch JUNG und PFISTER gemacht wurde, sondern wodurch er sich selbst als Psychoanalytiker und Mensch, vor allem wohl als Vaterfigur, verletzt fühlte, ohne daß er es für nötig erachtete, sich von der anderen Seite eine Gegendarstellung geben zu lassen; darauf deutet an dieser Stelle besonders die ironische Wendung »ich, würdiger alter Meister« hin, die auf JUNGS »neue Bahnen der Psychologie« anspielt. Der Satz »lassen wir uns nie von den armen Neurotikern verrückt machen« bedeutet dann aber schon, daß genau dies eingetreten ist. Wenn an dieser Stelle im nächsten Satz das Wort »Gegenübertragung« fällt (einen Aufsatz darüber hat FREUD tatsächlich nie geschrieben), wird das aktuelle Thema präzise angesprochen. FREUD wirft JUNG vor, es handele sich bei ihm um einen Fall unkontrollierter Gegenübertragung. Noch mehr ist aber dem – was FREUD nicht bemerkt – FREUDS Übertragungsverhältnis zu JUNG betroffen, was dann am Ende des Briefes mit dem Wort »Vaterkomplex«, wenn auch auf JUNG gewendet, thematisiert wird. Daß es sich aber in erster Linie um

FREUDS eigenes Übertragungs-Verhältnis handelt, zeigen die dazwischenstehenden Sätze, in denen auf das Zerwürfnis mit FLIESS und ADLER (dessen Verlauf JUNG aus FREUDS eigenen Erzählungen und Briefen kannte) angespielt wird, wenn FREUD sagt, die »*letzte* Auseinandersetzung dieser Art« habe er mit FERENCZI gehabt, die dann – offenbar als Beispiel für JUNG gedacht – mit FERENCZIS vollständiger Unterwerfung endete. Indem in diesem Brief also scheinbar von JUNGS unkontrollierter Gegenübertragung gegenüber einer Patientin die Rede ist, ist in Wirklichkeit FREUDS Übertragungsverhältnis zu JUNG das Thema, wobei die Patientin C. eine Vermittlerrolle hat. Aber wir erinnern uns hier, daß schon den frühen Magnetiseuren aufgefallen war, daß Patienten die geheimen Gefühle und Gedanken des Therapeuten erraten und entsprechend handeln können. Also auch auf seiten der C. war es die besondere Übertragungssituation zu FREUD, die sie zum Agieren trieb, indem sie etwas sozusagen schon länger Fälliges zur Entladung brachte.

Die Diskussion über die Angelegenheit wurde von FREUD und JUNG in den nächsten Briefen noch auf der scheinbar »harmlosen« Ebene der richtigen Technik bei der Handhabung von Übertragung und Gegenübertragung, insbesondere im Falle C. fortgesetzt, wobei es um die Frage geht, ob der Therapeut mit seinen Patienten »Mitempfinden« haben dürfe (besonders JUNGS Brief vom 2. 1. 1912). Aber zwei Monate später wird in einem Brief von JUNG (29. 2. 1912) unter erneuter Nennung des Namens der Frau C. der Bruch zwischen den beiden Männern endgültig eingeleitet, indem JUNG ankündigt, daß er seine Libido von FREUD abziehe. Zwar gibt es aus den Jahren 1912 und 1913 noch einen Briefwechsel, der aber viel geringer ist als in den vorangegangenen Jahren und nie wieder die alte Herzlichkeit erreichte.

Stark vergröbert kann man sagen: Hier wird auf der »harmlosen« Ebene einer theoretischen Diskussion über die richtige Technik bei der Handhabung von Übertragung-Gegenübertragung gesprochen. Auf der affektiven Ebene spielt sich gleichzeitig dasselbe Phänomen ab, jedoch – unerkannt – mit jeweils anderen Vorzeichen. FREUD erkennt eine unkontrollierte Gegenübertragung JUNGS gegenüber Frau C., und daß er sie dazu benutzte, um ihn, FREUD, zu kritisieren; FREUD erkennt jedoch nicht seine Übertragung auf JUNG und die Rolle der Frau C. als agierender Vermittlerin.

Wir haben hier – soweit wir sehen – erstmalig das komplizierte Übertragungsverhältnis zwischen FREUD und JUNG aus ihren Briefen heraus interpretiert. Die Tatsache, daß eine Patientin mit ihren Übertragungen und den auf sie gerichteten Gegenübertragungen den Katalysator für den Bruch bildet und dies alles noch eingebettet ist in eine theoretische Diskussion über das Übertragungsthema, veranschaulicht zugleich die Bedeutung von Übertragungsbeziehungen zwischen den Menschen. Daß auch FREUD und JUNG, obwohl sie so ausdrücklich davon sprechen, jeweils nur einen Teileinblick gewinnen, wird manchen milder stimmen, der sich mit geringeren Kräften begabt fühlt.

Weitere Entwicklung der Übertragung in der Theorie Freuds

Wir hatten gesehen, daß das Phänomen der Übertragung nicht nur eine bedeutende Rolle bei den ersten psychoanalytischen Erfahrungen spielte, sondern auch in der ersten Abhandlung zur Psychoanalyse schon deutlich thematisiert wird. Von da an kehren Ausführungen FREUDS zur Übertragung während der ganzen Zeit seines Schaffens bis in die allerletzten Jahre hinein immer wieder, freilich nicht jedesmal mit neuen Ausarbeitungen des Themas, sondern häufig mit wörtlichen Wiederholungen (die wir hier deshalb übergehen können). 1905 kommt FREUD im *Bruchstück einer Hysterieanalyse* das erste Mal ausführlicher auf das Thema zurück:

»Was sind die Übertragungen? Es sind Neuauflagen, Nachbildungen von den Regungen und Phantasien, die während des Vordringens der Analyse erweckt und bewußt gemacht werden sollen, mit einer für die Gattung charakteristischen Ersetzung einer früheren Person durch die Person des Arztes. Um es anders zu sagen: Eine ganze Reihe früherer psychischer Erlebnisse wird nicht als vergangen, sondern als aktuelle Beziehung zur Person des Arztes wieder lebendig. Es gibt solche Übertragungen, die sich im Inhalt von ihrem Vorbilde in gar nichts bis auf die Ersetzung unterscheiden. Das sind also, um in dem Gleichnisse zu bleiben, einfache Neudrucke, unveränderte Neuauflagen. Andere sind kunstvoller gemacht, sie haben eine Milderung ihres Inhaltes, eine *Sublimierung*, wie ich sage, erfahren und vermögen selbst bewußt zu werden, indem sie sich an irgendeine geschickt verwertete reale Besonderheit an der Person oder in den Verhältnissen des Arztes anlehnen. Das sind also Neubearbeitungen, nicht mehr Neudrucke.

Wenn man sich in die Theorie der analytischen Technik einläßt, kommt man zu der Einsicht, daß die Übertragung etwas notwendig Gefordertes ist. Praktisch überzeugt man sich wenigstens, daß man ihr durch keinerlei Mittel ausweichen kann, und daß man diese letzte Schöpfung der Krankheit wie alle früheren zu bekämpfen hat. Nun ist dieses Stück der Arbeit das bei weitem schwierigste. Das Deuten der Träume, das Extrahieren der unbewußten Gedanken und Erinnerungen aus den Einfällen des Kranken und ähnliche Übersetzungskünste sind leicht zu erlernen; dabei liefert immer der Kranke selbst den Text. Die Übertragung allein muß man fast selbständig erraten, auf geringfügige Anhaltspunkte hin und ohne sich der Willkür schuldig zu machen. Zu umgehen ist sie aber nicht, da sie zur Herstellung aller Hindernisse verwendet wird, welche das Material der Kur unzugänglich machen, und da die Überzeugungsempfindung für die Richtigkeit der konstruierten Zusammenhänge beim Kranken erst nach Lösung der Übertragung hervorgerufen wird.

Man wird geneigt sein, es für einen schweren Nachteil des ohnehin unbequemen Verfahrens zu halten, daß dasselbe die Arbeit des Arztes durch Schöpfung einer neuen Gattung von krankhaften psychischen Produkten noch vermehrt, ja, wird vielleicht eine Schädigung des Kranken durch die analytische Kur aus der Existenz der Übertragungen ableiten wollen. Beides wäre irrig. Die Arbeit des Arztes wird durch die Übertragung nicht vermehrt; es kann ihm ja gleichgültig sein, ob er die betreffende Regung des Kranken in Verbindung mit seiner Person oder mit einer anderen zu überwinden hat. Die Kur nötigt aber auch dem Kranken mit der Übertragung keine neue Leistung auf, die er nicht auch sonst vollzogen hätte. Wenn Heilungen von Neurosen auch in Anstalten zustande kommen, wo psychoanalytische Behandlung ausgeschlossen ist, wenn man sagen konnte, daß die Hysterie nicht durch die Methode, sondern durch den Arzt geheilt wird, wenn sich eine Art von blinder Abhängigkeit und dauernder Fesselung des Kranken an den Arzt zu ergeben pflegt, der ihn durch hypnotische Suggestion von seinen Symptomen befreit hat, so ist die wissenschaftliche Erklärung für all dies in ›Übertragungen‹ zu sehen, die der Kranke regelmäßig auf die Person des Arztes vornimmt. Die psychoanalytische Kur schafft die Übertragung nicht, sie deckt sie bloß, wie anderes im Seelenleben Verborgene, auf. Der Unterschied äußert sich nur darin, daß der Kranke spontan bloß zärtliche und freundschaftliche Übertragungen zu seiner Heilung wachruft; wo dies nicht der Fall sein kann, reißt er sich so schnell wie möglich, unbeeinflußt vom Arzt, der ihm nicht ›sympathisch‹ ist, los. In der Psychoanalyse werden hingegen, entsprechend einer veränderten Motivenanlage, alle Regungen, auch die feindseligen, geweckt, durch Bewußtmachen für die Analyse verwertet, und dabei wird die Übertragung immer wieder vernichtet. Die Übertragung, die das größte Hindernis für die Psychoanalyse zu werden bestimmt ist, wird zum mächtigsten Hilfsmittel derselben, wenn es gelingt, sie jedesmal zu erraten und dem Kranken zu übersetzen.« (GW V, 279/281).

Diese Zwischenbemerkungen in einer einem ganz anderen Thema gewidmeten Arbeit lassen mehrere Verfeinerungen und Ausarbeitungen erkennen, die sich nun besser in die Struktur der psychoanalytischen Theorie einfügen und ihr Bestandteil werden. Es wird deutlich gemacht, daß bei der Übertragung die Person des Therapeuten für den Patienten an die Stelle von einer oder mehreren (später von WINKLER mehrdimensionale Übertragung genannt) früheren Personen tritt, wobei die Gefühle zu diesen Personen gerade während der Analyse erweckt und bewußt gemacht werden. Diese Vorstellung ist seitdem unverändert beibehalten worden und hat sich fest mit dem Begriff der Übertragung verknüpft. Schon in diesem Punkt zeigt FREUD gegenüber den früheren Vorstellungen von »Rapport« deutlich andere Vorstellungen.

Aber auch hinsichtlich der Art der Übertragungen führt FREUD neue Unterschiede ein. Er spricht von »unveränderten Neuauflagen« und von »Neubearbeitungen«, bei denen also die Vorstellungen und Phantasien gegenüber früheren Personen nur in einer veränderten Form auf den Arzt übertragen werden. Diese Veränderung, hier als Sublimierung bezeichnet, wird an dieser Stelle im einzelnen nicht näher bezeichnet, kann im psychoanalytischen Sinne nur als Ergebnis eines intrapsychischen Prozesses gedacht werden.

Daß Übertragung etwas für die Therapie Notwendiges sei, hat FREUD schon in den *Studien zur Hysterie* festgestellt. Aber daß die Übertragung eine »Schöpfung der Krankheit«, eine Art neurotischen Symptomes darstellt, das an die Stelle sonst neu aufgetretener neurotischer Symptome tritt, ist eine weitere Elaborierung des Übertragungs-Gedankens, auf den FREUD auch später stets wieder hinweist.

FREUD macht aber auch deutlich, daß es nach seiner Auffassung bei den früheren hypnotischen Psychotherapiemethoden zwar auch zu Symptomheilungen kommen konnte, diese jedoch mit dem Preis einer unauflösbaren Bindung des Patienten an den Arzt zu bezahlen war. Wie wir sahen, hatte aber bereits JANET eine Technik angegeben, wie diese Bindung wieder zu lösen sei. Auch die psychoanalytische Technik legt von nun an Wert darauf, daß die Übertragung auch wieder gelöst wird, und führt die endliche Heilung von den neurotischen (hysterischen) Symptomen unter anderem darauf zurück.

Eine weitere Veränderung gegenüber dem »Rapport« in der Hypnotherapie besteht darin, daß die psychoanalytische Technik nicht nur die positiven Übertragungen weckt und erlaubt, sondern auch die feindseligen, die in der alten psychotherapeutischen Methode zu einem Abbrechen der Therapie nötigten oder von seiten des Patienten zu einem Abbruch führten. Die Handhabung der feindseligen Übertragungen ist aber nur möglich, weil sie durch Bewußtmachen für die Analyse verwertet werden und dabei immer wieder eine Auflösung erfahren. Es ist allerdings bekannt, daß es in der Psychoanalyse weder stets gelingt, die positiven Übertragungen zu lösen (also die Bindung zwischen Analytiker und Analysand stets zu beenden), noch daß es immer möglich ist, die hier als feindselig bezeichneten Übertragungen (negative Übertragungen) stets ausreichend und mit positiver Wirkung für den Fortschritt der Analyse unter Kontrolle zu halten.

Auch in seinen an der Clark-Universität (Massachusetts) im September 1909 gehaltenen fünf Vorlesungen, deren Niederschrift aber erst später erfolgte und nach Jones in der zweiten Dezemberwoche 1909 beendet wurde, widmet Freud in der letzten Vorlesung dem Thema der Übertragung einen ausführlichen Absatz:

»Ich habe Ihnen die wichtigste Erfahrung noch vorenthalten, welche unsere Annahme von den sexuellen Triebkräften der Neurose bestätigt. Jedesmal wenn wir einen Nervösen psychoanalytisch behandeln, tritt bei ihm das befremdende Phänomen der sogenannten Übertragung auf, das heißt, er wendet dem Ärzte ein Ausmaß von zärtlichen, oft genug mit Feindseligkeit vermengten Regungen zu, welches in keiner realen Beziehung begründet ist und nach allen Einzelheiten seines Auftretens von den alten und unbewußt gewordenen Phantasiewünschen des Kranken abgeleitet werden muß. Jenes Stück seines Gefühlslebens, das er sich nicht mehr in die Erinnerung zurückrufen kann, erlebt der Kranke also in seinem Verhältnisse zum Arzt wieder, und erst durch solches Wiedererleben ›in der Übertragung‹ wird er von der Existenz wie von der Macht dieser unbewußten sexuellen Regungen überzeugt. Die Symptome, welche, um ein Gleichnis aus der Chemie zu gebrauchen, die Niederschläge von früheren Liebeserlebnissen (im weitesten Sinne) sind, können auch nur in der erhöhten Temperatur des Übertragungserlebnisses gelöst und in andere psychische Produkte übergeführt werden. Der Arzt spielt bei dieser Reaktion nach einem vortrefflichen Worte von S. Ferenczi die Rolle eines katalytischen Ferments, das die bei dem Prozesse freiwerdenden Affekte zeitweilig an sich reißt. Das Studium der Übertragung kann ihnen auch den Schlüssel zum Verständnis der hypnotischen Suggestion geben, deren wir uns anfänglich als technisches Mittel zur Erforschung des Unbewußten bei unseren Kranken bedient hatten. Die Hypnose erwies sich damals als eine therapeutische Hilfe, aber als ein Hindernis der wissenschaftlichen Erkenntnis des Sachverhaltes, indem sie die psychischen Widerstände aus einem gewissen Gebiete wegräumte, um sie an den Grenzen desselben zu einem unübersteigbaren Wall aufzutürmen. Glauben Sie übrigens nicht, daß das Phänomen der Übertragung, über das ich Ihnen leider hier nur zu wenig sagen kann, durch die psychoanalytische Beeinflussung geschaffen wird. Die Übertragung stellt sich in allen menschlichen Beziehungen ebenso wie im Verhältnis des Kranken zum Arzte spontan her; sie ist überall der eigentliche Träger der therapeutischen Beeinflussung und sie wirkt um so stärker, je weniger man ihr Vorhandensein ahnt. Die Psychoanalyse schafft sie also nicht, sie deckt sie bloß dem Bewußtsein auf und bemächtigt sich ihrer, um die psychischen Vorgänge nach dem erwünschten Ziele zu lenken. Ich kann aber das Thema der Übertragung nicht verlassen, ohne hervorzuheben, daß dieses Phänomen nicht nur für die Überzeugung des Kranken, sondern auch für die des Arztes entscheidend in Betracht kommt. Ich weiß daß alle meine Anhänger erst durch ihre Erfahrungen mit der Übertragung von der Richtigkeit meiner Behauptungen über die Pathogenese der Neurosen überzeugt worden sind, und kann sehr wohl begreifen, daß man eine solche Sicherheit des Urteils nicht gewinnt, solange man selbst keine Psychoanalysen gemacht, also nicht selbst die Wirkungen der Übertragungen beobachtet hat.« (GW VIII, 54–56).

Obwohl FREUD selbst gegenüber seinem Verleger DEUTICKE die Ansicht vertrat, daß die Vorlesungen nichts Neues enthielten (JONES II, 254) und die zitierte Stelle tatsächlich in vielerlei Hinsicht eine Zusammenfassung seiner früher schon geäußerten Ansichten ist, finden sich doch einige bemerkenswerte gedankliche Weiterentwicklungen. FREUD betont an dieser Stelle, mehr als in älteren Darstellungen, daß den Übertragungen sexuelle Regungen zugrunde liegen, während man die früheren Darlegungen allgemeiner verstehen konnte. Von den früher gleichberechtigt nebeneinanderstehenden Vater-, Mutter- und Geschwister-Imagines hat eine Einengung auf die ödipalen Beziehungen dieser Art stattgefunden und deutet somit auf die im folgenden Jahr (1910) mit dem Ödipus-Komplex erfolgende Erweiterung der psychoanalytischen Theorie voraus. Es ist nicht uninteressant, auch an dieser Stelle wieder einen Hinweis FREUDS auf die Hypnose (besser auf hypnotische Psychotherapie) zu finden, zu der einerseits die Ähnlichkeiten, andererseits die Unterschiede hervorgehoben werden.

Neben der Eingrenzung auf ödipale Beziehungen enthält die Stelle eine Ausweitung des Übertragungsbegriffs, die FREUD an dieser Stelle vornimmt, indem er sagt, daß die Übertragung sich »in allen menschlichen Beziehungen« herstelle und also nicht auf das Verhältnis von Analysiertem und Analytiker beschränkt wird und somit auch das Verhältnis von Menschen untereinander und zwischen Arzt und Patient regelt. Diese Bemerkung trifft eigentlich nur auf einen Aspekt der Übertragungsbeziehung, nämlich auf die Wiederbelebung früherer Beziehungen zu anderen Menschen zu. Nicht zutreffend ist die Bemerkung auf die besondere, Stärke und Dauer betreffende Beziehung zwischen Psychotherapeuten und Psychotherapiertem. Diese beiden Aspekte der Übertragungsbeziehung werden bis heute nicht immer klar voneinander geschieden.

FREUDS einzige Schrift, die explizit den Problemen der Übertragung gewidmet ist (*Zur Dynamik der Übertragung*, 1912, GW XIII, 364) wurde geschrieben in dem Bestreben, den Psychoanalytikern klarere Hinweise für die analytische Technik zu liefern. Neben der ausführlicheren Definition des Begriffs der Übertragung, die wir schon in der Einleitung zitierten, beinhaltet diese Schrift im wesentlichen eine Zusammenfassung der an anderen Stellen verstreut dargestellten Überlegungen zur Übertragung. FREUD geht allerdings wesentlich intensiver als an anderen Stellen auf die Frage ein, warum die Übertragung immer dann in den Dienst des Widerstandes gestellt wird, wenn ein verdrängter Komplex berührt wird. Die Übertragung wird an dieser Stelle mehrmals »als der stärkste Widerstand gegen die Behandlung«, »als die stärkste Waffe des Widerstandes« und als »vorzügliches Mittel des Widerstandes« (GW VIII, 371) bezeichnet. FREUD erklärt, daß die »Bezwingung der Übertragungsphänomene dem Psychoanalytiker die größten Schwierigkeiten bereitet« (GW VIII, 371; siehe oben die persönliche Auseinandersetzung zwischen FREUD und JUNG Seite 34 ff.), weist aber nachdrücklich darauf hin, »daß gerade sie (diese Schwierigkeiten) uns den unschätzbaren Dienst erweisen, die verborgenen und vergessenen Liebesregungen des Kranken aktuell und manifest zu machen, denn schließlich kann niemand in absentia oder in effigie erschlagen werden«. Daß FREUD es hier als Aufgabe bezeichnet, die in der Übertragung entstehenden »Liebesregungen« zu »erschlagen«, also zu töten, ist ein bedeutungsvoller Nebenaspekt. FREUD macht in diesem Zusammenhang auch Bemerkungen zur Gegenübertragung, die aber später erörtert werden sollen. In der

Schrift *Zur Einleitung der Behandlung* (1913, GW VIII, 473)
kommt FREUD nochmals auf den technischen Aspekt zurück und
schreibt: »Solange nun die Mitteilungen und Einfälle des Patienten ohne Stockung erfolgen, lasse man das Thema der Übertragung unberührt. Man warte mit dieser heikelsten aller Prozedu-
ren, bis die Übertragung zum Widerstande geworden ist.«

Unter den *Vorlesungen zur Einführung in die Psychoanalyse*
(1917) ist die 27. ausdrücklich der Übertragung gewidmet. Diese
Vorlesungen spiegeln einerseits FREUDs dreißigjährige Dozenten-
erfahrung wider und fassen andererseits das bis dahin entwik-
kelte System der Psychoanalyse in einer sehr klaren, leicht faßli-
chen und übersichtlichen Form zusammen. Sie gehören daher
mit Recht zu den am meisten gelesenen Teilen von FREUDs Werk.
In bezug auf die Übertragung stellen sie auch nur eine Zusammenfassung und keine Weiterentwicklung dar. Es wird jedoch
gewöhnlich wenig beachtet, daß in dieser Schrift FREUDs Erfahrungen mit den Übertragungsphänomenen schon in abgeklärter
Form zur Darstellung gelangen.

»Die Übertragung kann als stürmische Liebesforderung auftreten oder
in gemäßigteren Formen; an Stelle des Wunsches, geliebt zu sein, kann
zwischen dem jungen Mädchen und dem alten Mann der Wunsch auftau-
chen, als bevorzugte Tochter angenommen zu werden, das libidinöse
Streben kann sich zum Vorschlag einer unzertrennlichen, aber ideal un-
sinnlichen Freundschaft mildern. Manche Frauen verstehen es, die Übertragung zu sublimieren und an ihr zu modeln, bis sie eine Art Existenzfä-
higkeit gewinnt.« (GW XI, 459f.).

Diese Formulierungen lassen erkennen, daß FREUD die Übertragung inzwischen in vielen Varianten, aber auch eben in ihrer ver-
steckten, durch Widerstand und Eingehen auf den Widerstand
des Analytikers verwandelten Form kennengelernt hat. Es wird
wieder deutlich, daß die Übertragung für den Analytiker einerseits die stärkste Hilfe, andererseits aber auch das größte Problem
darstellt.

Zuletzt kommt FREUD in dem aus dem Nachlaß veröffentlichten *Abriß der Psychoanalyse* (1938) (GW XVI, 100) noch einmal
auf das Problem der Übertragung zurück. Wesentliche Erneue-
rungen und Erweiterungen haben sich danach in den letzten
zwanzig Jahren von FREUDs psychoanalytischem Schaffen nicht
mehr ergeben. FREUD stellt in dieser letzten Ausarbeitung auch

die Übertragung in das (1920 entstandene) topographische Ordnungsschema ein und ordnet sie hier dem Über-Ich zu:

> Setzt der Patient den Analytiker an die Stelle seines Vaters (auch seiner Mutter), so räumt er ihm auch die Macht ein, die sein Über-Ich über sein Ich ausübt, denn diese Eltern sind ja der Ursprung des Über-Ichs gewesen. Das neue Über-Ich hat nun Gelegenheit zu einer Art von Nacherziehung des Neurotikers, es kann Mißgriffe korrigieren, die sich die Eltern in ihrer Erziehung zu Schulden kommen ließen.« (GW XVI, 100).

Allerdings setzt FREUD an dieser Stelle gleich eine Warnung ein, der Analytiker solle den Patienten nicht beherrschen und nach seinem Ideal umformen, sondern den Eigenarten des Patienten stets folgen. Auch ein weiterer technischer Hinweis wird an dieser Stelle deutlicher als an anderen Stellen ausgeführt:

> »Es ist uns sehr unerwünscht, wenn der Patient außerhalb der Übertragung agiert, anstatt zu erinnern; das für unsere Zwecke ideale Verhalten wäre, wenn er sich außerhalb der Behandlung möglichst normal benähme und seine abnormen Reaktionen nur in der Übertragung äußerte.«

Dies ist bis heute eine anerkannte Maxime der psychoanalytischen Behandlung, gegen die freilich fast ebenso oft von seiten der Patienten verstoßen wird, da immer wieder das Agieren in den Dienst des Widerstandes gestellt wird.

Negative Übertragung

Obwohl sie von FREUD mit einem eigenen Namen versehen wurde, hat die negative Übertragung doch außer ihrer Tendenz, dem Einbringen feindseliger Gefühle in die therapeutische Beziehung, nichts ihr allein Typisches. Ihre Bedeutung liegt daher in allererster Linie im Praktischen. Wo freundliche, exaltierte oder anheimelnde Gefühle in die Therapie hineingetragen werden, wird man sich zwar auch immer wieder um ihre Aufhellung bemühen. Allein die feindseligen Gefühle bringen immer wieder und sofort die Gefahr eines Therapieabbruchs mit sich. Wir hören von solchen Ereignissen aus der voranalytischen Zeit nichts, so daß die Vermutung gerechtfertigt ist, daß die negativ getönte

Beziehung dem alten Psychotherapeuten als Phänomen entgangen ist, weil die Patienten bald aus ihrem Gesichtskreis schwanden oder sich der Therapeut solcher Reaktionen doch wenigstens nicht rühmen mochte. Man liest im Briefwechsel FREUD-JUNG auch noch häufig von einem solchen »Wegbleiben« in der Therapie, wohl auch heute noch die einfachste und geläufigste Form negativer Übertragung. Aber es spricht sehr viel für die Ehrlichkeit und Aufrichtigkeit FREUDs, diese Erscheinung nicht nur erkannt und benannt, sondern sie in den Dienst der Therapie gestellt zu haben. Dies ist eine spezifische Leistung der Psychoanalyse, die bis heute von keiner anderen Psychotherapieform übernommen worden ist. Freilich, die »eingehende Würdigung«, welche nach FREUD die »negative Übertragung verdiente« (GW VIII, 372), ist ihr bis heute nicht zuteil geworden. Auf FREUDs negative Beurteilung der Therapiemöglichkeiten bei Paranoiden, die er mit der Neigung zur ausschließlichen negativen Übertragung begründet (GW VIII, 373), wird auf Seite 62 ff. eingegangen.

C. G. Jungs theoretische Erörterungen zur Übertragung

Ehe wir weiter auf Einzelprobleme von Übertragungsbeziehungen eingehen, erscheint es sinnvoll, JUNGs theoretische Erörterung zur Übertragung zu betrachten. Wir haben bereits gesehen, daß in den persönlichen Beziehungen zwischen FREUD und JUNG das Übertragungsproblem eine bedeutende Rolle spielt. Im veröffentlichten Werk JUNGs finden wir jedoch viel weniger Hinweise auf die persönliche Bedeutung der Übertragung für JUNG und sein Verhältnis zu FREUD. Nur an einer Stelle kommt JUNG auf das persönliche Verhältnis zu FREUD im Zusammenhang mit der Übertragung zu sprechen:

»Was für eine hohe Bedeutung FREUD dem Übertragungsphänomen beimaß, wurde mir bei unserer ersten persönlichen Begegnung im Jahre 1907 klar. Nach einer vielstündigen Unterredung trat eine Pause ein. Plötzlich fragte er mich unvermittelt: ›Und was denken Sie über Übertragung?‹ Ich antwortete aus tiefster Überzeugung, daß sie das A und das O der analytischen Methode sei. Worauf er sagte: ›Dann haben Sie die Hauptsache verstanden.‹ (GW 16, 183/184).

Obwohl Jung hier mit Verwendung des Topos »A und O« der Übertragung in seinen Worten eine außergewöhnliche Bedeutung beimißt, wird dennoch erkennbar, daß die Bedeutung für Freud zumindest subjektiv erheblich größer ist. Darauf weist nicht nur hin, daß Freud die erste Begegnung zur Klärung dieser Frage benutzt, sondern auch sein Zögern. Interessant aber auch hier, daß auch nach den Schilderungen Jungs schon in der ersten Begegnung mit Freud ein Thema angeschlagen wird, das später im Zerwürfnis führend wird.

Jungs Theorie anerkennt zwar alle wesentlichen Feststellungen der Freudschen Schule zum Phänomen Übertragung-Gegenübertragung, und auch Jung bezieht sich auf den Rapport der Magnetiseure:

»Die Übertragung ist schon in der frühen, voranalytischen Psychotherapie bis zu den romantischen Ärzten als *rapport*« bezeichnet worden.

Schließlich war es Jung, der wegen des Übertragungsphänomens als erster eine Lehranalyse forderte. Dennoch unterscheidet sich Jungs Auffassung nicht unwesentlich von der Freuds, vor allem, indem sie über diese noch hinausgeht. Dies war, wenn auch scherzhaft verzerrt, in dem Seite 29 zitierten Brief von Jones an Freud zum Ausdruck gekommen.

Jung hat erst 1945, also mit 70 Jahren, der Übertragung eine eigene ausführliche Studie *(Die Psychologie der Übertragung)* gewidmet, in welcher er die von ihm als besonders bedeutungsvoll angesehenen Aspekte der Übertragung an einer alchimistischen Bilderserie erläutert. Auch hier setzt Jung freilich die Kenntnis der allgemeinen Übertragungsphänomene voraus. Schon in der Vorrede äußert Jung:

»Es ist wohl nicht übertrieben, wenn man annimmt, daß sozusagen alle Fälle, die längerer Behandlung bedürfen, um das Phänomen der Übertragung gravitieren, und daß es zumindest so erscheint, als ob der Erfolg oder Mißerfolg der Behandlung ganz wesentlich damit zu tun hätte.« (GW XVI, 174).

Aber auch hier setzt sich Jung sogleich gegen Freud ab:

»Obschon ich ursprünglich mit Freud der Übertragung eine kaum zu überschätzende Bedeutung beimaß, habe ich doch mit vermehrter Erfahrung einsehen müssen, daß auch diese Wichtigkeit relativ ist. Die Übertragung kann man mit jenen Medikamenten vergleichen, die beim einen als Heilmittel, beim anderen als pures Gift wirken. Ihr Erscheinen bedeutet im einen Fall die Wendung zum Guten, im anderen Verhinderung und Beschwernis, wenn nicht Schlimmeres, im dritten endlich ist sie relativ unwesentlich. Sie ist aber meist ein kritisches Phänomen, das in allen Farben schillert.« (GW XVI, 174/175).

Die Beschreibung der »Übertragungsneurose« (siehe Seite 59) klingt bei Jung (GW XVI, 182) zunächst konventionell:

Es kommt »zu einer Bindung, welche in jeder Hinsicht der anfänglichen Infantilbeziehung entspricht und darauf hintendiert, alle Erfahrungen der Kindheit am Ärzte zu wiederholen, m. a.W. das neurotisch gestörte Anpassungsverhältnis wird nunmehr auf den Arzt *übertragen*. Freud, der zuerst dieses Phänomen erkannte und beschrieb, hat dafür den Terminus ›Übertragungsneurose‹ geprägt.«

In einer hier angefügten Fußnote stellt Jung deutlicher den Unterschied heraus. Jung zitiert hier Freud:

»Wenn der Patient nur so viel Entgegenkommen zeigt, daß er die Existenzbedingungen der Behandlung respektiert, gelingt es uns regelmäßig, allen Symptomen der Krankheit eine neue Übertragungsbedeutung zu geben, seine gemeine Neurose durch eine Übertragungsneurose zu ersetzen . . .«

und Jung fährt fort:

»Der Autor setzt hier etwas zu viel aufs eigene Konto. Längst nicht immer wird eine Übertragung vom Arzt hervorgebracht. Oft ist sie in voller Stärke da, noch bevor er überhaupt den Mund aufgetan hat. Freuds Auffassung der Übertragung als einer ›artefiziellen Krankheit‹, einer ›neugeschaffenen und umgeschaffenen Neurose‹, einer ›neuen künstlichen Neurose‹ ist insofern gültig, als die Übertragung eines neurotischen Kranken ebenfalls neurotisch ist, aber die Neurose ist weder ›neu‹ noch ›artefiziell‹ noch ›geschaffen‹, sondern es ist dieselbe alte Neurose und das einzig Neue daran ist, daß nunmehr der Arzt darin einbezogen wird, und zwar mehr als ein Opfer, denn als ihr Erzeuger.«

Aber auch die Momente der Gegenübertragung und der Einbeziehung des Therapeuten in das besondere Verhältnis sieht Jung in einer eigenen Weise:

»Eine gewisse Beeinflussung des Arztes ist unvermeidlich und ebenso eine gewisse Störung beziehungsweise Schädigung seiner nervösen Gesundheit. Er ›übernimmt‹ ja recht eigentlich das Leiden des Patienten und teilt es mit ihm. Darum ist er prinzipiell gefährdet und muß es sein«. (GW XVI, 183).

Mitten in seinen theoretischen Vorbemerkungen zum Phänomen der Übertragung macht JUNG ein überraschendes persönliches Bekenntnis:

»Ich persönlich bin jedes Mal froh, wenn die Übertragung milde verläuft und praktisch sich nicht bemerkbar macht. Man ist dann viel weniger persönlich in Anspruch genommen und kann sich mit anderen therapeutisch wirksamen Faktoren begnügen.«

Hier mögen freilich manche schwerwiegenden Erlebnisse aus den psychotherapeutischen Anfangsjahren JUNGS noch nachwirken. JUNG betont aber weit mehr als FREUD, daß durch das Netz von Übertragung-Gegenübertragung ein ganz neues Phänomen entsteht:

»Damit, daß der Patient einen aktivierten Inhalt des Unbewußten an den Arzt heranbringt, wird durch Induktionswirkung, die stets von Projektionen in mehr oder minderem Maße ausgeht, auch bei diesem das entsprechende unbewußte Material konstelliert. Damit befinden sich Arzt und Patient in einer auf gemeinsamer Unbewußtheit beruhenden Beziehung.« (GW XVI, 187). »Die größte Schwierigkeit dabei ist, daß nicht selten beim Arzte Inhalte aktiviert werden, die normalerweise eigentlich latent bleiben könnten.« (GW XVI, 188).

Oder noch einmal in einer anderen Formulierung:

»Aber durch die Übertragung verändert sich die seelische Gestalt des Arztes, ihm selber zunächst unbemerkt: Er wird affiziert und kann sich gleich dem Patienten nur schwer von dem, was ihn im Besitz hält, unterscheiden. Dadurch entsteht eine beidseitige, unmittelbare Konfrontation mit der das Dämonische bergenden Dunkelheit. Diese paradoxe Überkreuzung von Positivem und Negativem, von Zutrauen und Angst, von Hoffnung und Mißtrauen, von Zuneigung und Widerstand charakterisiert die Anfangsbeziehung.«

Für JUNG besteht die Übertragung nicht nur aus erotischen Gefühlen, sondern darüber hinaus auch aus Besitz- und Machttrieben sowie Angst. Außer der Beziehung im bewußten und unbewußten Bereich, treten nach JUNGS Auffassung auch noch Animus bzw. Anima von Patient und Therapeut miteinander in

Beziehung, so daß sich in jedem Falle ein komplexes Bild ergibt. Nicht nur das Verhältnis von Psychotherapeut und Patient (und umgekehrt) wird dadurch geprägt, sondern die Verhältnisse der Menschen untereinander sind durch die vielfältigsten Übertragungsbeziehungen gekennzeichnet, ganz besonders in einer länger dauernden Ehe. Auf jeden Fall entsteht dadurch ein soziales Phänomen, welches gesellschaftliche Verhältnisse und Kultur weitgehend mitbestimmt. Noch einmal in JUNGS Sprache:

»Das Übertragungsphänomen ist unzweifelhaft eines der wichtigsten und inhaltsreichsten Syndrome des Individuationsprozesses und bedeutet mehr als bloß persönliche Zu- oder Abneigung. Vermöge seiner kollektiven Inhalte und Symbole greift es weit über die Person hinaus in die Sphäre des Sozialen und erinnert an jene höheren menschlichen Zusammenhänge, welche unsere heutige Gesellschaftsordnung oder besser -unordnung aufs Schmerzlichste vermissen läßt.« (GW 6, 345).

Übertragungsliebe

Einem theoretisch verhältnismäßig wenig, dafür aber praktisch außerordentlich bedeutsamen Problem hat FREUD die Abhandlung *Bemerkungen über die Übertragungsliebe* (1915; GW X, 306) gewidmet. Von ihr sagt JONES (II, 283), daß sie mit »äußerster Klarheit die Prinzipien auseinander(setze)«, die den Analytiker bei ihrer Handhabung leiten sollen. Es handelt sich um Liebe im ganz wörtlichen Sinne, denn FREUD sagt (GW X, 306): »Ich meine den Fall, daß eine weibliche Patientin durch unzweideutige Andeutungen erraten läßt oder es direkt ausspricht, daß sie sich wie ein anderes sterbliches Weib in den sie analysierenden Arzt verliebt hat.« Zwar ist dieses Phänomen von allgemeiner Bedeutung, es wird jedoch in der ganzen Abhandlung nur an einem ganz konkreten Beispiel, der Liebe eines jungen Mädchens zu einem männlichen Analytiker, erläutert. FREUD gelangt zu folgendem Ergebnis:

»Man hat kein Anrecht, der in der analytischen Behandlung zutagetretenden Verliebtheit den Charakter einer »echten« Liebe abzustreiten. Wenn sie so wenig normal erscheint, so erklärt sich dies hinreichend aus dem Umstand, daß auch die sonstige Verliebtheit außerhalb der analytischen Kur eher an die abnormen als an die normalen seelischen Phänomene erinnert. Immerhin ist sie durch einige Züge ausgezeichnet, welche ihr eine besondere Stellung sichern. Sie ist 1. durch die analytische Situation provoziert, 2. durch den diese Situation beherrschenden Widerstand in die Höhe getrieben und 3. sie entbehrt in hohem Grade der Rücksicht auf die Realität, sie ist unkluger, unbekümmerter um ihre Konsequenzen, verblendeter in der Schätzung der geliebten Person, als wir einer normalen Verliebtheit gerne zugestehen wollen. Wir dürfen aber nicht vergessen, daß gerade diese von der Norm abweichenden Züge das Wesentliche einer Verliebtheit ausmachen.« (GW X, 317f.).

Gerade in dieser direkten, auf die Sexualität hinweisenden Beziehung unterschied sich FREUD, wie wir gesehen haben, von JUNG, der dem Phänomen lieber eine allgemeinere, ins Universale greifende Bedeutung geben wollte, was bei FREUD eher Heiterkeit erregte (siehe Seite 36). In einer anderen Passage spricht FREUD direkt die sich für den Analytiker aus der Übertragungsliebe ergebenden Gefahren an.

»Andererseits ist es eine peinliche Rolle für den Mann, den Abweisenden und Versagenden zu spielen, wenn das Weib um Liebe wirbt, und von einer edlen Frau, die sich zu ihrer Leidenschaft bekennt, geht trotz Neurose und Widerstand ein unvergleichbarer Zauber aus. Nicht das grob sinnliche Verlangen der Patientin stellt die Versuchung dar. Dies wirkt ja eher abstoßend und ruft alle Toleranz auf, um es als natürliches Phänomen gelten zu lassen. Die feineren und zielgehemmten Wunschregungen des Weibes sind es vielleicht, die die Gefahr mit sich bringen, Technik und ärztliche Aufgabe über ein schönes Erlebnis zu vergessen.«

Diese in die Form technischer Anweisung gekleideten Formulierungen besitzen einen außerordentlich praktischen und realen Hintergrund. Wir haben schon gesehen, daß wie bei früheren Formen der Psychotherapie auch am Anfang der Psychoanalyse Übertragungsliebe eine bedeutende Rolle spielte, worauf auch FREUD in einer Bemerkung (GW X, 307) anspielt:

»Ich habe mich kürzlich an einer Stelle über die Diskretion hinausgesetzt und angedeutet, daß die nämliche Übertragungssituation (die Übertragungsliebe nämlich) die Entwicklung der psychoanalytischen Therapie um ihr erstes Jahrzehnt verzögert hat.«

Obwohl dies auch an der Stelle, auf die FREUD verweist (GW X, 9, wo BREUERS Name genannt wird) nicht ausdrücklich ausgesprochen wird, ist offensichtlich erneut das Verhältnis von BREUER zu Anna O. gemeint.

Darüber hinaus hat FREUD stets in hohem Maße sexuelle Beziehungen zwischen Therapeut und Patient verdammt, weil er fatale Wirkungen für die psychoanalytische Bewegung bei Bekanntwerden solcher Beziehungen befürchtete, da die Psychoanalyse ohnehin immer wieder in dem Rufe stand, sie fördere die sexuelle Libertinage. Zum Beleg dafür, wie real solche Befürchtungen sein könnten, führen wir einige Äußerungen WILHELM REICHS an, von denen man zwar nicht weiß, ob sie wörtlich genommen werden dürfen, die aber zweifellos eine Problematik aus der Frühzeit der Psychoanalyse widerspiegeln. In einem Interview mit EISLER, das 1969 erstmalig in deutscher Sprache veröffentlicht wurde, sagte REICH über das Verhältnis von FREUD zu STEKEL: »Er hielt STEKEL für einen Scharlatan. Ich glaube, er tat STEKEL unrecht. STEKEL machte einige Sachen, die FREUD sehr mißfielen. Er schlief mit Patienten. Ich glaube, das war für FREUD der Grund. Aber ich bin nicht sicher.« (Seite 62). In demselben Gespräch wendet sich REICH gegen Gerüchte unter Psychoanalytikern, daß er selbst mit seinen Patientinnen sexuelle Beziehungen gehabt habe (Seite 71), diese Gerüchte seien von FEDERN verbreitet worden. Aber REICH gibt auch zu, daß er sich des öfteren in seine Patientinnen verliebt habe. Er meint nur, sich richtig verhalten zu haben, indem er dann die Analyse abbrach, um außerhalb der Analyse ein normales Liebesverhältnis zu beginnen. REICH sagt weiter (Seite 72): »Es gab Fälle, wo Psychoanalytiker unter dem Vorwand einer genitalen Untersuchung, einer medizinischen Untersuchung, ihre Finger in die Vagina ihrer Patienten einführten. Das geschah recht häufig.« Diese Bemerkungen REICHS haben bisher kein weites Echo unter Analytikern gefunden oder weitere Darstellungen provoziert, die ein vollständigeres Bild erlaubten. Aber Ehen zwischen Patienten und Analytikern waren recht häufig. REICH weist auch darauf hin, daß er selbst eine frühere Patientin, Annie Pink, geheiratet habe. Auch RADO habe seine Patientin Emmy geheiratet. FRIEDA FROMM-REICHMANN heiratete den zehn Jahre jüngeren, bei ihr in Lehranalyse befindlichen ERICH FROMM. Derartige Ehen sind übrigens in den seltensten Fällen glücklich geworden, was leicht verständlich ist, wenn man bedenkt, daß sich die initiale Übertragungsliebe nicht in einer Ehe perpetuieren läßt.

FREUD selbst weist darauf hin, daß die Übertragungsliebe um so stärker akzeptabel wird, je sublimierter sie sich äußert. Wegen ihrer geringeren moralischen und praktischen Bedeutung wurde diese Form der Übertragungsliebe auch von FREUD kaum bekämpft. Sie ist sicherlich aus der frühen Geschichte der Psychoanalyse nicht fortzudenken. In dem zitierten Gespräch weist REICH darauf hin, daß FREUD HELENE DEUTSCH und auch die PRINZESSIN BONAPARTE sehr gern hatte, was er auf die Schönheit dieser beiden Psychoanalytikerinnen zurückführte, und verbindet die Bemerkung damit, daß FREUD überhaupt Gefallen an schönen Frauen fand. FREUDS Beziehungen zu zahlreichen früheren Patienten (nicht nur Frauen) zeigt, daß für ihn an dieser Stelle die Abstinenz endete, obwohl dies im strengen Sinne einen Regelverstoß bedeutete.

Daß der Zusammenhang zwischen FREUDS Arbeiten über Übertragung, dem Phänomen der Übertragungsliebe und dem Bruch mit JUNG auch weiterhin in FREUD fortwirkte, bezeugt ein Hinweis FREUDS in einem Brief an ABRAHAM vom 29. 7. 1914:

»Jones schreibt heute wörtlich, was ich zu Ihrer Erheiterung hersetze: ›I had a long talk with Mrs. E. last week, who has just had a month's analysis with JUNG . . . You may be interested to hear the latest method of dealing with Übertragung. The patient overcomes by learning that she is not really in love with the analyst but that she is for the first time struggling to comprehend a Universal Idea (with capitals) in Plato's sense: after she has done this, then what seems to be the Übertragung may remain.‹
Risum teneatis,[1] Casimiri!«[2]
(»Letzte Woche hatte ich eine lange Unterhaltung mit Mrs. E., die gerade einen Monat lang von JUNG analysiert worden war. Vielleicht interessiert Sie die neueste Art, mit Übertragung umzugehen. Die Patientin überwindet sie, indem sie lernt, daß sie nicht wirklich in den Analytiker verliebt ist, sondern erstmalig um eine Idee i. S. Platos ringt. Wenn sie das getan hat, mag bestehen bleiben, was wie eine Übertragung aussieht.« Übers. d. Verf.).

[1] Das lateinische Zitat am Ende des Briefes von ABRAHAM entstammt der »Kunst zu Dichten« von HORAZ (Vers 5), heißt aber richtig: Risum teneatis, amici? (»Würdet Ihr, Freunde, Euch da des Lachens erwehren?«). FREUD beging also an dieser Stelle einen Lapsus calami, indem er das lateinische Wort für Freunde unterdrückte.

[2] Das Wort *Casimiri* bezieht sich auf eine Begebenheit, auf die im Briefwechsel zwischen Freud und Abraham angespielt wird: Zwei italienische Bergführer, mit denen Abraham eine Bergbesteigung unternommen hatte, trugen als Proviant rohes Fleisch bei sich. In der Hütte angelangt, machten sie sich an die Zubereitung des bereits übelriechenden Fleisches mit den Worten: »*Coraggio, Casimiro*« (»Mut, Casimir!«)

Gegenübertragung

Das Thema der Gegenübertragung hat in der psychoanalytischen Literatur bei weitem nicht die gleiche Bearbeitung erfahren wie das Thema der Übertragung. Dies ist insbesondere bei FREUD selbst der Fall. Unmittelbar finden wir die Gegenübertragung bei FREUD nur an ganz wenigen Stellen seines Werkes thematisiert, aber auch in dem bisher vorliegenden Briefwechsel wird es kaum einmal erwähnt. Noch dazu drängen sich FREUDs Bemerkungen zur Gegenübertragung auf eine ganz kurze Zeit, die Jahre 1910 und 1911, zusammen. J. STRACHEY hat vermutet, daß dies aus dem einfachen Grunde geschehen sei, daß FREUD nicht zu viel Problematik des Analytikers vor dem allgemeinen Publikum behandelt wissen wollte. Das Fehlen entsprechender Erörterungen im Briefwechsel weist aber darauf hin, daß es noch andere Gründe dafür geben muß, die in FREUDs Persönlichkeit selbst zu suchen sind. Diese spiegeln sich auch in den wenigen Stellen wider, welche die Gegenübertragung thematisieren. FREUD betrachtete danach Gegenübertragung ganz überwiegend als ein gefährliches, schwieriges und im ganzen negatives Phänomen, das zwar nicht zu vermeiden sei, aber mit allen zur Verfügung stehenden Mitteln in Schach gehalten werden müsse.

Die erste Bemerkung hierzu findet man in einem Brief an PFISTER vom 5. 6. 1910, in dem zwar das Wort Gegenübertragung nicht genannt ist, den Umständen nach aber gemeint sein muß:

»Mit der Übertragung ist es ja überhaupt ein Kreuz. Das eigenwillig Ungebändigte der Krankheit, wegen dessen wir die indirekte Suggestion und die direkte hypnotische aufgegeben haben, ist auch durch die Psychoanalyse nicht ganz zu beseitigen, nur einzuschränken, und ihr Rest kommt in der Übertragung zum Vorschein. Er ist meist ansehnlich genug, da lassen dann die Regeln oft im Stiche; man wird sich nach der Eigenart des Kranken richten müssen und auch seine persönliche Note nicht ganz aufgeben wollen. Im allgemeinen meine ich wie STEKEL, daß der Patient in der Abstinenz, in unglücklicher Liebe gehalten werden soll, was natürlich nicht in vollem Ausmaße möglich ist. Je mehr Sie ihn Liebe finden lassen, desto eher bekommen Sie seine Komplexe, aber desto geringer ist der definitive Erfolg, da er seine bisherigen Komplexerfüllungen nur losschlägt, weil er sie gegen die Übertragungsergebnisse eintauschen kann. Der Erfolg ist sehr schön, aber von der Übertragung ganz abhängig. Heilung ist vielleicht erreicht, aber nicht der nötige Grad von Selbständigkeit und Sicherheit vor Rückfall.«

SCHEUNERT machte auf einen Brief von FREUD an FERENCZI vom 6. 10. 1910 aufmerksam, den JONES zitiert:

»Ich bin nicht der psychoanalytische Übermensch, den Du Dir in Deiner Vorstellung erdacht hast, ich habe auch nicht die Gegenübertragung bewältigt.« (In der deutschen Ausgabe der Biographie von JONES nicht enthalten).

Diese Briefstellen machen zugleich ein hochgestelltes Psychoanalytiker-Ideal deutlich. Er soll die Äußerungen des Patienten zwar mit gleichschwebender Aufmerksamkeit aufnehmen, jedoch wie ein Spiegel reflektieren, das heißt, sich emotional nicht tangieren lassen. Daß er dies in aller Regel doch tut, ist ein Abweichen vom Ideal und nicht wünschenswert. Dieses hohe Analytiker-Ideal wurde jahrzehntelang von allen Analytikern als erstrebenswert anerkannt. Mancher Analytiker hat aber in FREUDS Bekenntnis gegenüber FERENCZI Trost gefunden, wenn er feststellen mußte, daß er noch weit weniger, als er dachte, dem Analytiker-Ideal gleichkommen konnte, weil er sah, daß auch FREUD sich offen dazu bekannte, diesem Ideal nicht zu entsprechen. Aus heutiger Sicht ist es verwunderlich, daß FREUD nicht die Frage stellte, warum man diesem Ideal nicht nachkommen kann und warum es nicht besser ist, eine solche Erkenntnis innerhalb des analytischen Prozesses zu verwerten.

Die ersten öffentlichen Äußerungen FREUDS über Gegenübertragung scheinen diesen Eindruck zu verstärken, denn sie sind in einem Vortrag *Die zukünftigen Chancen der psychoanalytischen Therapie* vom zweiten Privatkongreß der Psychoanalytiker zu Nürnberg (1910) zu finden:

»Andere Neuerungen der Technik betreffen die Person des Arztes selbst. Wir sind auf die ›Gegenübertragung‹ aufmerksam geworden, die sich beim Arzt durch den Einfluß des Patienten auf das unbewußte Fühlen des Arztes einstellt, und sind nicht weit davon, die Forderung zu erheben, daß der Arzt diese Gegenübertragung in sich erkennen und bewältigen müsse. Wir haben, seitdem eine größere Zahl von Personen die Psychoanalyse üben und ihre Erfahrungen untereinander austauschen, bemerkt, daß jeder Psychoanalytiker nur so weit kommt, als seine eigenen Komplexe und inneren Widerstände es gestatten, und verlangen daher, daß er seine Tätigkeit mit einer Selbstanalyse beginne und diese, während er seine Erfahrungen an Kranken macht, fortlaufend vertiefe. Wer in einer solchen Selbstanalyse nichts zu Stande bringt, mag sich die

Fähigkeit, Kranke analytisch zu behandeln, ohne weiteres absprechen.«
(GW VIII, 108).

FREUDS Bemerkung in dem oben bereits zitierten Brief an JUNG
vom 31. 12. 1911:

»Der Aufsatz über die ›Gegenübertragung‹, der mir notwendig scheint,
dürfte allerdings nicht gedruckt werden, sondern müßte unter uns in Abschriften zirkulieren.«

scheint nochmals die Ansicht von STRACHEY zu bestätigen, wenn
dem Leser nicht bereits bekannt wäre, daß wir uns hier mitten
in der persönlichen Auseinandersetzung zwischen FREUD und
JUNG befinden. Es blieb späteren Analytikergenerationen vorbehalten, sich diesem Thema freier und offener zu nähern.

KEMPER hat in einer sehr sorgfältigen Studie zur strukturellen
Situation von Übertragung und Gegenübertragung (1953/54) vor
allem die Situation der negativen Gegenübertragung und der affektiven Reaktion in der analytischen Situation herausgearbeitet.
Für den Fall, daß der Analytiker zum Beispiel bei einer Äuße-
rung des Patienten in sich einen Unwillen oder eine Unruhe oder
Ängstlichkeit oder Betroffenheit aufkommen spürt, soll er sich
nicht schämen, sondern die drei folgenden Fragen vorlegen:

»1. Auf welchen Ablauf, der in eben diesem Augenblick im Patienten erfolgte, habe ich spontan so affektiv reagiert?
2. Warum hat jener Ablauf bei mir gerade diese spezielle (und keine andere) Gefühlsreaktion ausgelöst?
3. Was könnte der Patient unbewußt ›bezwecken‹, daß es ihm gelang,
meine analytische gleichmütige Haltung zu durchbrechen und eine
›unanalytische‹ Gefühlsreaktion auszulösen?«

Diese Fragen enthalten das Programm, mit welchem der Analytiker seine eigenen Regungen nicht nur beobachten und unter-
drücken, sondern für die Therapie nutzbar machen soll. KEMPER
hat auch in Parallele zu einem Strukturmodell der Übertragung
eine Struktur der Gegenübertragung formuliert, welche den größeren Teil der neuen psychoanalytischen Diskussion um dieses
Thema in einem Schema zusammenfaßt:

»1. Beabsichtigte, die Analyse fördernde Abläufe im Analytiker:
a) wohlwollende Grundeinstellung einer Helferbereitschaft,
b) passagere Identifizierung mit dem Patienten,

c) ~~Annahme der Übertragungsprojektionen~~ des Patienten,
d) ~~Distanzierung und periodische Rücknahme von b) und c)~~ zwecks rationaler Wahrnehmung, Verarbeitung und (gegebenenfalls) Deutung.
2. ~~Unbeabsichtigte, die Analyse beeinträchtigende Abläufe im Analytiker:~~
   e) ~~»adäquate« (analysenunabhängige) Übertragung auf den Patienten,~~
   f) ~~nicht-adäquate projektive Übertragung subjektiver Erfahrungsniederschläge des Analytikers auf~~
      1. den jeweiligen Patienten,
      2. die analytische Situation, und zwar die analytische Situation als solche, spezielle Situationen im Verlauf der Analyse und
   g) ~~Protestreaktionen des Analytikers gegen die ihm auferlegten Verzichtleistungen.«~~

Trotz der Offenheit und Öffentlichkeit, mit der KEMPER und andere Psychoanalytiker (zum Beispiel P. PARIN, A. REICH, P. HEIMANN, G. SCHEUNERT) das Thema Gegenübertragung – in erster Linie der negativen Gegenübertragung – behandeln, besteht doch ein ausgesprochener Mangel an ausführlichen kasuistischen Beispielen, aus denen man den bestimmenden, verfälschenden oder gar verderblichen Einfluß von Gefühlshaltungen des Psychoanalytikers auf den Gang der Analyse oder den Patienten ablesen könnte. Die psychoanalytische Theorie und Bewegung, stets eng mit literarischen Bewegungen verknüpft, hat aber immer wieder Publikationen von Nichtanalytikern provoziert, die nicht nur gegenüber analytischen Theorien sehr viel unkritischer sind als die Analytiker selbst, sondern auch sich selbst viel offener darstellen. Ein typisches Beispiel ist P. MOOR, der mit dem Kindermörder JÜRGEN BARTSCH in eine enge, wenngleich ausschließlich schriftliche Beziehung trat und darüber mehrfach ausführlich publizierte. MOOR schreibt zwar in der Einleitung seines Buches *Das Selbstportrait des Jürgen Bartsch*: »Kein Therapeut kann jedoch die verwickelten Techniken der Psychoanalyse erfolgreich handhaben, wenn er nicht durch seine eigene Lehranalyse als den eigentlichen Beginn seiner Ausbildung zum Analytiker gegangen ist.« Der Publizist MOOR selbst hat aber keine Lehranalyse durchgemacht, bedient sich jedoch des psychoanalytischen Begriffsinventars und begibt sich mit einer großen Zahl »psychoanalytisch orientierter Fragen« in eine schriftliche Analyse. Dadurch entsteht ein in seiner Art einzigartiges und äußerst interessantes Dokument. MOOR bemerkt zwar selbst seine Rolle als Übertragungsfigur (1976): »Auf eine

Nebenwirkung unserer Korrespondenz war ich nicht vorbereitet: eine ungewöhnlich starke emotionelle Übertragung ... auf mich.« Was MOOR aber entgeht, ist seine von Anfang an bestehende und immer noch stärker werdende Gegenübertragung auf JÜRGEN BARTSCH. Diese Gegenübertragung hat nun starke Folgen für die Denk- und Argumentationsweisen MOORS. Sie führt MOOR über eine vollständige Identifikation mit seinem Korrespondenten nicht nur zu einer völlig unkritischen Haltung gegenüber allen seinen Äußerungen und Handlungen, sondern läßt ihn auch nicht bemerken, daß BARTSCH mit seiner Hilfe agiert. Es kommt zu der paradoxen Situation, daß MOOR Anklage erhebt, warum Bartsch nicht mit Hilfe von Psychoanalyse von »seiner furchtbaren Krankheit« geheilt wird, und doch eben selbst das größte Hindernis dagegen darstellt und sich dazu auch noch einer psychoanalytischen Nomenklatur (und einiger in der Zeit liegenden, gegen die Gesellschaft gerichteten Argumente) bedient.

Es kann nicht Aufgabe dieser Darstellung sein, eine vollständige Analyse des Übertragungs-Gegenübertragungs-Verhältnisses von BARTSCH und MOOR zu liefern, die vor allem auch deswegen platzraubend wäre, weil nur indirekt auf die innerseelischen Vorgänge bei MOOR geschlossen werden kann (weil direkte Äußerungen von ihm fehlen), aber es sollte an diesem Beispiel noch einmal demonstriert werden, welche weitreichenden Folgen aus unkontrollierten Beziehungen dieser Art entstehen können. Der Leser mag sich vielleicht selbst in das Studium der Originale vertiefen, um zu erkennen, wie überzeugend auch die unkritische Darstellung eines Übertragungs-Gegenübertragungs-Verhältnisses auf den unvorgebildeten Leser wirken kann, solange ihm die Mittel fehlen, tiefer in den psychischen Prozeß einzudringen.

Ein besonderes und schwieriges Kapitel stellen negative Gegenübertragung und die Übertragungsreaktion des Analytikers auf die Übertragung des Patienten dar. Besonders schwierig ist die Situation deshalb, weil sich der Analytiker gegenüber einem Patienten in einer vorteilhafteren Position befindet, weil er entweder selbst Deutungen vornehmen oder wenigstens Deutungen als richtig oder falsch bewerten kann. Ihm stehen gegenüber dem Patienten starke, aus der Analyse ableitbare Mittel zur Verfügung. Er kann zum Beispiel dem Patienten alle Äußerungen, mit denen sich der Analytiker verletzt oder betroffen fühlen kann, als Widerstand auslegen und so die Seite des Fehlers grundsätzlich beim Patienten annehmen. Eine Nichtannahme einer solchen General-Interpretation von seiten des Patienten läßt sich erst recht als Widerstand deuten usw. Schließlich, wenn alle Mittel versagen und die Analyse – aus Gründen des Analytikers – nicht von der Stelle kommt, kann die Diagnose Neurose in Zweifel gezogen werden, kann gesagt werden, daß es sich doch wohl um eine Psychopathie oder wenigstens um eine besonders rigide Struktur oder vielleicht eine endogene Depression handelt; wobei der Analytiker sich durch jede derartige Annahme entlastet fühlen kann.

Übertragungsneurosen

Der Ausdruck Übertragungsneurosen wird von FREUD in zweierlei verschiedenem Sinne verwendet.

1. In einem nosographischen Sinne. Übertragungsneurose bedeutet dann lediglich eine Gruppe von Neurosen innerhalb der Psychoneurosen (siehe Schema Seite 61), die den narzißtischen Neurosen gegenübergestellt werden. Es handelt sich praktisch um die Gruppe von Neurosen (Angsthysterie, Konversionshysterie, Zwangsneurose), welche FREUD zuerst erforschte und die Grundlage des psychoanalytischen Systems blieben und bei denen die Fähigkeit zur Übertragungsbildung im Gegensatz zu den narzißtischen Neurosen ausgeprägt ist. Oder anders ausgedrückt: alle diejenigen Neurosen, bei denen eine psychoanalytische Behandlung nach FREUDS ursprünglicher Auffassung ausreichende Aussicht auf Erfolg bietet, weil sich Übertragung als Triebfeder herausbildet, werden Übertragungsneurosen genannt.

2. Die wichtigere Bedeutung der Bezeichnung ›Übertragungsneurose‹ gehört zu einem bestimmten (dem wichtigsten) Abschnitt im Verlauf einer psychoanalytischen Behandlung. Die klinische Neurose wandelt sich nach einiger Zeit in die Übertragungsneurose (siehe Schema Seite 61). In der Übertragung – und nach Möglichkeit nur in ihr – wiederholt der Neurotiker seine infantilen Konflikte. Innerhalb dieser Übertragungsneurose erhalten alle Symptome der Krankheit eine neue Be-

deutung (Übertragungsbedeutung), deren Aufklärung durch die analytische Arbeit zur Aufdeckung der infantilen Neurose und damit zur Auflösung der Neurose führt.

»Das Hauptmittel aber, den Wiederholungszwang des Patienten zu bändigen und ihn zu einem Motiv fürs Erinnern umzuschaffen, liegt in der Handhabung der Übertragung. Wir machen ihn unschädlich, ja vielmehr nutzbar, indem wir ihm sein Recht einräumen, ihn auf einem bestimmten Gebiete gewähren lassen. Wir eröffnen ihm die Übertragung als den Tummelplatz, auf dem ihm gestattet wird, sich in fast völliger Freiheit zu entfalten, und auferlegt ist, uns alles vorzuführen, was sich an pathogenen Trieben im Seelenleben des Analysierten verborgen hat. Wenn der Patient nur so viel Entgegenkommen zeigt, daß er die Existenzbedingungen der Behandlung respektiert, gelingt es uns regelmäßig, allen Symptomen der Krankheit eine neue Übertragungsbedeutung zu geben, seine gemeine Neurose durch eine Übertragungsneurose zu ersetzen, von der er durch die therapeutische Arbeit geheilt werden kann. Die Übertragung schafft so ein Zwischenreich zwischen der Krankheit und dem Leben, durch welches sich der Übergang von der ersteren zum letzteren vollzieht. Der neue Zustand hat alle Charaktere der Krankheit übernommen, aber er stellt eine artefizielle Krankheit dar, die überall unseren Eingriffen zugänglich ist. Er ist gleichzeitig ein Stück des realen Erlebens, aber durch besonders günstige Bedingungen ermöglicht und von der Natur eines Provisoriums. Von den Wiederholungsreaktionen, die sich in der Übertragung zeigen, führen dann die bekannten Wege zur Erweckung der Erinnerungen, die sich nach Überwindung der Widerstände wie mühelos einstellen.« (GW X, 134/135).

Die Übertragungsneurose bedarf keiner eigenen Heilung. Ihre Auflösung vollzieht sich ohnehin nach und nach mit dem Bewußtwerden der Übertragung und deren Bedingungen. Jungs Kritik dieser Auffassung wurde schon gewürdigt (siehe Seite 46 ff.). Jungs Kritik richtet sich dabei nicht nur gegen Freuds Auffassung, daß sich Bildung und Steuerung der Übertragung leicht handhaben lassen, sondern aus seiner grundsätzlich anderen Auffassung heraus auch darauf, daß die Übertragung nicht in so strenger Weise gesteuert werden soll.

Aber auch das Ende der Übertragung erscheint nach Jung keineswegs so leicht erreichbar oder überhaupt stets erreichbar.

»Es darf uns daher nicht wundern, wenn es nicht wenige Fälle gibt, bei denen sich trotz stärkster Bemühung keine Möglichkeit zu einer Ablösung der Übertragung einstellt, trotzdem der Patient alle – vom Standpunkt der Vernunft aus – nötige Einsicht besitzt, und man daher weder ihn noch sich selber irgendwelcher technischer Nachlässigkeit oder Un-

Psychoneurosen

Narzißtische Neurosen — Paranoia · Schizophrenie · manisch-depressive Erkrankung

Übertragungsneurosen — Angsthysterie · Konversionshysterie · Zwangsneurose

Aktualneurosen — Angstneurose · Neurasthenie · Hypochondrie

Schema: Von FREUD verwendetes nosologisches System.

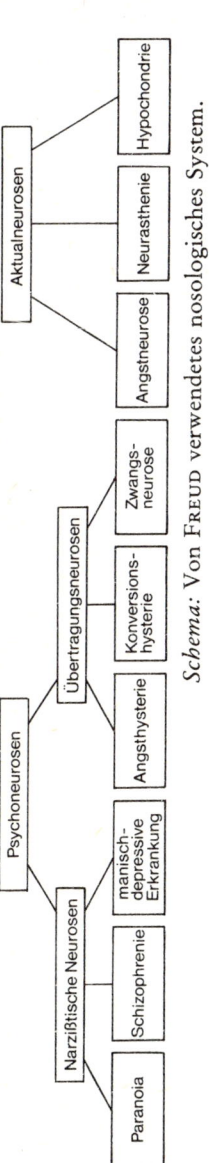

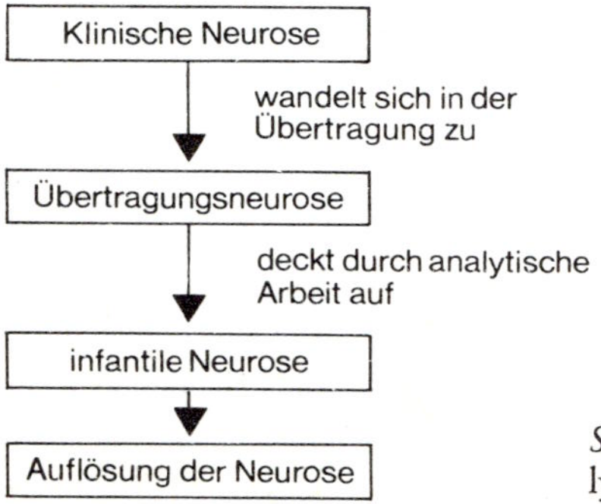

Klinische Neurose → (wandelt sich in der Übertragung zu) → Übertragungsneurose → (deckt durch analytische Arbeit auf) → infantile Neurose → Auflösung der Neurose

Schema: Entwicklung einer Neurose während ihrer psychoanalytischen Behandlung (nach FREUD).

terlassung anklagen kann. Arzt und Patient, beide mögen vielleicht tief beeindruckt sein von der immensen Unvernünftigkeit des Unbewußten und zum Schlusse kommen, den Gordischen Knoten mit dem Schwert des gewaltsamen Entschlusses zu durchhauen. Eine chirurgische Trennung der siamesischen Zwillinge ist aber eine gefährliche Operation. Es gibt vielleicht geglückte Resultate, aber nach meiner bisherigen Erfahrung nicht manche. Ich bin daher für eine konservative Lösung des Problems. Wenn die Lage tatsächlich so ist, daß keinerlei andere Möglichkeiten in Frage kommen, und das Unbewußte offenkundig auf der Beibehaltung der Bindung insistiert, dann muß die Behandlung des Falles expektativ weitergehen. Möglicherweise tritt die Ablösung erst zu einem späteren Zeitpunkt ein, möglicherweise ist aber auch eine psychische ›Schwangerschaft‹ eingetreten, deren natürliches Ende abgewartet werden muß, oder es handelt sich um ein Schicksal, das man zu Recht oder Unrecht annimmt oder zu umgehen sucht.« (GW XVI, 270).

Auch F. ALEXANDER hat darauf hingewiesen, daß jeder neurotische und erst recht jeder psychotische Patient die Tendenz hat, sich in der Übertragungsneurose einzurichten, sich auf die – sicheren, wenn auch teilweise stets versagenden – Beziehungen zum Therapeuten einzurichten und darüber alle – unsicheren – außertherapeutischen Beziehungen zu vernachlässigen. Er müsse daher stets ermuntert werden, außerhalb der Therapie neue zwischenmenschliche Erfahrungen zu sammeln. Man kann hinzufügen, daß die Auflösung eines Restes von Übertragung auch sonst im Leben nicht üblich ist und daß auch nach sehr langer Trennung die Wiederbegegnung mit Menschen, deren Schicksal einst mit dem eigenen verbunden war, nicht selten zu einem Wiederbeleben alter Übertragungen, positiver wie negativer, führt und daß auch solche Übertragungen zum sozialen Leben eines Menschen gehören.

Übertragung bei den narzißtischen Neurosen

Den Übertragungsneurosen hat FREUD bekanntlich in den frühen Schriften (1897) die narzißtischen Neurosen (Dementia praecox, Paranoia, Melancholie) gegenübergestellt. Die Bezeichnung hat sich nie durchgesetzt, das dahinterstehende Konzept hat sich für die Psychotherapie der heute als endogene Psychosen zusammengefaßten Bilder als sehr hinderlich erwiesen. Es ist schwer zu sagen, was FREUD zu einer derart zu therapeutischer Resignation nötigenden Theorie veranlaßt hat, die Bemühungen um eine Psychoanalyse vor allem der Schizophrenie waren in der frühen Psychoanalyse zahlreich, insbesondere bei JUNG, der in der ersten Zeit seines Briefwechsels mit FREUD gerade auf derartige Anstaltserfahrungen am Burghölzli Bezug nahm, lebhaft darüber schrieb und seine Erfahrungen schließlich in seiner Arbeit *Über die Psychologie der Dementia praecox* (1907); (GW III) niederlegte. FREUDs Begründungen beziehen sich vor allem auf die Unbeeinflußbarkeit der endogenen Psychosen mit Hilfe der psychoanalytischen Therapie. Die Theorie besagt kurz zusammengefaßt, daß bei den Psychosen die Objekt-Libido auf das Ich zurückgezogen wird und damit keine Objekt-Besetzungen mehr bestehen. Die Symptome der Psychose werden als ein – freilich vergeblicher – Versuch einer Erneuerung der Objekt-Besetzung gedeutet. Eine Therapie ist nun deshalb nicht durchführbar, weil sich keine Übertragungsneurose bildet. Diese Anschauung hat FREUD nicht mehr korrigiert. Wir finden sie noch in den *Vorlesungen zur Einführung in die Psychoanalyse.*

»Die narzißtischen Neurosen sind für die Technik, welche uns bei den Übertragungsneurosen gedient hat, kaum angreifbar. Sie werden bald hören, warum. Es geht uns mit ihnen immer so, daß wir nach kurzem Vordringen vor eine Mauer zu stehen kommen, die uns Halt gebietet. Sie wissen, auch bei den Übertragungsneurosen sind wir auf solche Widerstandsschranken gestoßen, aber wir konnten sie Stück für Stück abtragen. Bei den narzißtischen Neurosen ist der Widerstand unüberwindbar, wir dürfen höchstens einen neugierigen Blick über die Höhe der Mauer werfen, um zu erspähen, was jenseits derselben vor sich geht. Unsere technischen Methoden müssen also durch andere ersetzt werden; wir wissen noch nicht, ob uns ein solcher Ersatz gelingen wird.« (GW XI, 438).

Die spätere Entwicklung hat FREUD nur in seinem letzten Satz teilweise recht gegeben. Es hat sich gezeigt, daß sehr wohl Übertragungen gebildet werden, wenn auch in anderer Weise als bei Neurosen. Die Technik mußte aber nicht verändert werden, um den Widerstand endlich doch zu überwinden, sondern sie mußte in ganz anderer Weise umgestaltet werden, um einen Zugang für die gewünschte Hilfe zu bieten (FRIEDA FROMM-REICHMANN, ROSEN, BENEDETTI), worauf aber hier nicht mehr näher einzugehen ist.

In einem veränderten Sinne hat das Thema der Übertragung bei narzißtischen Persönlichkeitsstörungen vor allem durch die Arbeiten KOHUTS (1966, 1968, 1971) neue Aktualität gewonnen.

KOHUTS Bemühungen richten sich nicht auf Schizophrenien und psychotische Depressionen, nicht einmal auf die sogenannten *Borderline*-Zustände, sondern auf solche Persönlichkeitsstörungen, bei denen die Besetzung des Selbst im Mittelpunkt der Abwehrvorgänge steht und die man deshalb ebenfalls lange Zeit für unbehandelbar hielt. Die analytische Arbeit ist denn auch in einer viel schwerer durchschaubaren Weise als gewöhnlich ständig mit einer Handhabung subtiler Übertragungsäußerungen beschäftigt. KOHUT unterscheidet hier

»1. die Übertragungen, die aus der therapeutischen Mobilisierung der idealisierten Elternimago entstehen (*idealisierende Übertragung* genannt); 2. die aus der Mobilisierung des Größen-Selbst entstehenden (zusammenfassend als *Spiegelübertragung* bezeichnet); 3. die Übertragungsreaktionen des Analytikers (einschließlich seiner Gegenübertragung), die man während der Freisetzung der idealisierten Elternimago in der Übertragung bemerkt; und 4. jene, die man während der Freisetzung des Größen-Selbst des Patienten findet«.

Übertragungspsychose

Der Begriff der Übertragungspsychose wird selten angewandt, obwohl die dahinterstehende klinische Beobachtung wahrscheinlich nicht selten ist. Es handelt sich, grob gesagt, um Psychosen im klinischen Sinne, die während einer psychoanalytischen Behandlung ausbrechen. MARGARET LITTLE (1958/59), von der die ersten Hinweise und auch die Bezeichnung stammen, hob schon hervor, daß Übertragungspsychosen bei Patienten entstehen, die Übertragungsinterpretationen nicht verwerten können. Insbesondere liege dies daran, daß der psychoanalytischen Situation das Modellhafte verlorengehe, und daher der Analytiker nicht nur im *übertragenen* Sinne als Vater, Mutter oder ähnliches erscheint, sondern dies für den Patienten auch real ist. Der Unterschied zwischen Realobjekt und Übertragungsobjekt, der sonst trotz allen Verbalisierens und Agierens dem Patienten stets bewußt bleibt, geht verloren. So fällt es denn nicht schwer, hierin typische schizophrene Denk- und Verhaltensweisen zu sehen. H. LUFT hat bald nach LITTLE die ersten beiden Kasuistiken veröffentlicht. In diesen Fällen trat die Psychose situativ bei einer Unterbrechung der Therapie (durch Abwesenheit des Therapeuten) auf. Es handelt sich dabei aber offensichtlich nur um eine der möglichen auslösenden Situationen. Die ausführliche Darstellung eines Falles von W. TH. WINKLER (1971) läßt erstmalig einen genauen Einblick zu. Danach stellt die Übertragungspsychose ein spezifisches Problem der psychoanalytischen Behandlung Schizophrener dar. WINKLER vertritt zwar die Auffassung, daß sich die Psychose erst im Verlaufe der psychoanalytischen Therapie gebildet hat, und lehnt den auch von ihm erwogenen Gedanken ab, daß die Psychose schon vorher bestanden haben könnte. Doch spielen bei dieser Deutung der spätere letale Ausgang und der daraus folgende Wunsch der Ich-Entlastung des Therapeuten und dessen Abwehr eine ausschlaggebende Rolle. WINKLERS Patientin war ursprünglich wegen empfundener Störungen der Konzentrationsfähigkeit und des Gedächtnisses sowie eines subjektiv empfundenen Mangels an Kontakt in Behandlung gekommen. Man kann in diesen Klagen schizophrene Grundstörungen erkennen, denen sich erst später schizophrene Symptome im üblichen klinischen Sinne hinzugesellten. In WINKLERS psychoanalytischer Behandlung bildete sich dann rasch eine intensive Übertragung heraus, die für die Patientin eine erneut eröffnete Möglichkeit darstellte, den verlorengegangenen Kontakt zur mitmenschlichen Umwelt wenigstens auf dem Wege über den Therapeuten zu bewerkstelligen. Die Interpretation der Dynamik der Übertragungsbeziehung wird dann aber – verständlicherweise – als Bedrohung empfunden, so daß WINKLER schreiben kann, daß die dann auftretende »Wahnbildung« offensichtlich aus dem die Patientin sehr stark beanspruchenden Übertragungskonflikt hervorgegangen ist. Der Wahn tritt an die Stelle der Übertragung und ist seiner Natur nach für die Interpretation unzugänglich. Insoweit wird die Bezeichnung Übertragungspsychose gerechtfertigt, weil der Wahn in der Therapie direkt aus der Übertragung hervorgeht und diese auch im Wahn selbst thematisiert bleibt. Wenn auch die psychoanalytische Therapie hier zum Stehen kam, so trat die Katastrophe doch erst nach Behandlung mit Neuroleptika und dem Verschwinden des Wahns daraufhin ein. Die Patientin reagierte darauf mit einer (pharmakogenen?) Depression und suizidierte sich durch Erhängen. Dieser Vorgang läßt die starken, in der Übertragungspsychose entfesselten psychischen Kräfte noch einmal deutlich werden.

Das Konzept von Übertragung-Gegenübertragung entwickelte sich aus der für die psychoanalytische Therapie typischen Zweierbeziehung. Mit einer Veränderung der therapeutischen Verfahren durch psychoanalytische Gruppentherapie oder auch klinisch-stationäre Einzeltherapie mußten hier auch neue Übertragungsphänomene auftreten. In der psychoanalytischen Gruppentherapie bilden sich zu Gruppenleiter und den anderen Gruppenmitgliedern Übertragungsbeziehungen, die durch Gegenübertragungen erwidert werden, so daß ein vielfältiges, sich ständig änderndes Netz von Übertragungsbeziehungen entsteht, das oft genug auch für einen erfahrenen Gruppenleiter schwer zu durchschauen ist. Ganz ähnlich ist die Situation bei der heute vielfach geübten klinisch-stationären Psychoanalyse. Die meist längere Behandlungsdauer führt dazu, daß sich eine Art Lebensgemeinschaft bildet, deren gemeinsames Ziel die Befreiung von Neurose wäre. Die aus der analytischen Situation herausgetragene Offenheit in der Darstellung innerseelischer Vorgänge, schlecht kontrollierte Neigung zum Agieren und ein Rivalisieren um die Gunst des oder der Therapeuten machen die Situation eher noch unübersichtlicher als in der zeitlich eng begrenzten Gruppentherapie. Derartig verflochtene Übertragungsbeziehungen werden nach REISS als multilaterale Übertragung bezeichnet. Im Unterschied zu anderen zwischenmenschlichen Beziehungen während nicht-analytischer Krankenhauspsychotherapie oder spontanen Gruppenprozessen zwischen den Insassen anderer ärztlicher Institutionen handelt es sich hier aber eindeutig um Übergangsprozesse, da die Vorgänge Teil des analytischen Prozesses sind und ohne ihn nicht, auf jeden Fall nicht in dieser Form, aufgetreten wären. Für den klassischen Analytiker, dessen Augenmerk auf die bipersonale Situation gerichtet ist, bildet daher die Berücksichtigung multilateraler Beziehungen eine Last, die er lieber vermeidet.

Mehrdimensionale Übertragung

Leicht mit der multilateralen Übertragung zu verwechseln ist die mehrdimensionale Übertragung, die jedoch nicht die gleichzeitige Übertragung eines Patienten auf mehrere Personen, sondern die gleichzeitige Projektion verschiedener Imagines auf *einen* Therapeuten (W. TH. WINKLER, 1954, 1971) bedeutet. Der Therapeut wird dann vom Patienten betrachtet, als wenn er gleichzeitig oder rasch wechselnd der Vater, die Mutter oder andere Personen wäre. In gewisser Hinsicht läßt sich sagen, daß es in jeder analytischen Situation zur mehrdimensionalen Übertragung kommt, aber normalerweise wird es doch der Bedeutung nach und zumindest für kürzere oder längere Zeitstrecken zu stark bevorzugten Übertragungshaltungen kommen. Personen, deren Beziehung zur mitmenschlichen Umwelt auf die Beziehung zum Therapeuten eingeengt wird, insbesondere also schizophrene Personen, neigen zu gleichwertigen multidimensionalen Übertragungen, was die Therapie unter Umständen in kaum überwindliche Schwierigkeiten bringen kann. (Siehe Seite 64, Übertragungspsychose).

Technische Handhabung in der Psychoanalyse

Angesichts der Bedeutung der Übertragungsphänomene in der Psychoanalyse sind die Hilfen, die der junge Analytiker für deren Handhabung aus der Literatur schöpfen kann, ziemlich gering. In erster Linie wird ihm empfohlen, sich dem Analytiker-Ideal zu nähern, was besondere technische Anweisungen in der Tat entbehrlich machen würde. Zur Technik der Übertragung gehört nach FREUD bereits die Lagerung des Patienten auf der Couch.

»Ich halte an dem Rate fest, den Kranken auf einem Ruhebett lagern zu lassen, während man hinter ihm, von ihm ungesehen, Platz nimmt. Diese Veranstaltung hat einen historischen Sinn, sie ist der Rest der hypnotischen Behandlung, aus welcher sich die Psychoanalyse entwickelt hat. Sie verdient aber aus mehrfachen Gründen festgehalten zu werden. Zunächst wegen eines persönlichen Motivs, das aber andere mit mir teilen mögen. Ich vertrage es nicht, acht Stunden täglich (oder länger) von anderen angestarrt zu werden. Da ich mich während des Zuhörens selbst dem Ablauf meiner unbewußten Gedanken überlasse, will ich nicht, daß meine Mienen dem Patienten Stoff zu Deutungen geben oder ihn in seinen Mitteilungen beeinflussen. Der Patient faßt die ihm aufgezwungene Situation gewöhnlich als Entbehrung auf und sträubt sich gegen sie, besonders wenn der Schautrieb (das Voyeurtum) in seiner Neurose eine bedeutende Rolle spielt. Ich beharre aber auf dieser Maßregel, welche die Absicht und den Erfolg hat, die unmerkliche Vermengung der Übertragung mit den

Einfällen des Patienten zu verhüten, die Übertragung zu isolieren und sie zur Zeit als Widerstand scharf umschrieben hervortreten zu lassen.« (GW VIII, 467).

Auch die klare Regulierung des Honorars gehört zur Technik, wenn sie auch heute nicht mehr so streng gehandhabt wird wie von FREUD, da die Tatsache des Versichertseins ohnehin eine bedeutende Rolle spielt und die Bezahlung des Arztes damit von der Person des Patienten ferner gerückt wird und den Gedanken an ein Opfer gar nicht erst aufkommen läßt. Der Arzt soll mit seinen Deutungen erst beginnen, wenn die Übertragung zu einer genügend festen Bindung geführt hat, und soll gleichzeitig darauf achten, daß Verliebtheit oder Feindseligkeit keine zu hohen Grade erreichen. Im übrigen gilt die selbstverständliche Regel, daß Übertragungen durchzuarbeiten sind und so aufgelöst werden sollen, indem dem Patienten Widerstände und Verdrängungen bewußt werden.

Ein besonderes und wenig behandeltes Kapitel ist die Beendigung der Übertragung, die nicht mit der Beendigung der Kur identisch ist. FREUD hatte, wie wir gesehen haben, gegenüber den älteren Psychotherapien betont, daß bei ihnen eine lebenslängliche Abhängigkeit bestehe. Man kann nicht sagen, daß es in der Psychoanalyse grundsätzlich andere Verhältnisse gibt.

Wie GLOVER mit Recht hervorhebt, sind die Fälle, in denen eine klassische Analyse auf reguläre Weise beendet wird, eher selten. Es gibt mannigfaltige Gründe dafür: Körperliche Krankheit, Änderung des Wohnsitzes von Patient oder Analytiker und viele äußere Gründe mehr, bei deren zum Teil perfekter Rationalisierung es oft genug schwerfällt, die realen Widrigkeiten des Lebens von den Widerständen und Gegen-Widerständen zu trennen. Es gibt durchaus Gründe auf seiten des Therapeuten, nach den ersten schönen Erfolgen die Behandlung für beendet zu erklären, was seine Fähigkeiten in einem besonders günstigen Lichte erscheinen lassen wird. Gefährlicher erscheint jedoch eine Unterbrechung von seiten des Patienten während eines ersten heftigen Widerstandes, weil diese Haltung oft lebenslänglich beibehalten wird. Die Haltung vieler analysenfeindlicher Psychiater der heute älteren Generation ist hierin begründet. Bedeutende Psychiater (z. B. H. BÜRGER-PRINZ) haben öffentlich erklärt, nach 30 oder 40 Stunden die Analyse ergebnislos abgebrochen zu haben, und daraus die lebenslang festgehaltene Ansicht behalten, daß Psychoanalyse oder gar jede Form von Psychotherapie überhaupt nutzlos oder schädlich sei. Dasselbe gilt, wenn der Analytiker nach einiger Zeit eine Behandlung als zu wenig erfolgversprechend abbricht, ohne sich über seine eigenen Widerstände hinreichend klar zu sein.

Mindestens ebenso häufig wie diese Form nicht-endender negativer Übertragung bei Abbruch der Therapie zum falschen Zeitpunkt ist die nicht-endende positive Übertragung. Es ist die Frage erlaubt, ob derartige Übertragungen überhaupt beendet werden, da weder Patient noch Analytiker ein hinreichendes Motiv dafür finden können und es vielleicht nicht einmal als wünschenswert erachten. BALINT schildert die Situation entsprechend, indem er sagt, daß der Patient nach Beendigung der letzten Stunde gewöhnlich mit Tränen in den Augen davongehe und der Analytiker in der gleichen Stimmung sei. Patienten, bei denen der Analytiker – wenn auch vorsichtig – auf eine Beendigung der Analyse gedrängt hat, beginnen oft genug nach einer Weile eine neue Analyse, gewöhnlich bei einem anderen Analytiker, auf den sie dann die (positive) Übertragung weiter übertragen.

Ein klares Kriterium für die Beendigung einer Psychoanalyse gibt es bekanntlich nicht. MILNER meint, daß es das überhaupt nicht gibt und die Patienten nur früher oder später selbst mit der Analyse aufhören. In anderen Fällen geschieht aber eben gerade dies nicht, und viele Analytiker lassen auch nach Beendigung der Behandlung ihre Patienten von Zeit zu Zeit noch einmal für ein paar Stunden kommen, wobei sie sich noch auf FREUD berufen können, der dies zumindest für den Analytiker selbst fordert.

Wir müssen festhalten, daß die Beendigung einer positiven Übertragung oftmals nicht stattfindet und daß dies im allgemeinen wenig bedauert wird, obwohl es die analytische Therapie verlangt, daß eine Übertragung aufgedeckt wird, und die Theorie verlangt, daß sie damit erledigt ist. Es scheint aber eher so, daß ein Stück der investierten Libido nie abgezogen wird.

Die psychotherapeutische Beziehung in nicht-analytischen Psychotherapien

Nachdem die Psychoanalyse einmal etabliert und schließlich zur beherrschenden dynamischen Theorie und zugleich mächtigsten

Bewegung geworden war, wurden ihre Erklärungen, oft in wenig
veränderter Form, in andere Bereiche übernommen. Die Psychoanalytiker gewöhnten sich daran, Übertragung-Gegenübertragung nicht nur für ein spezifisch psychoanalytisches Phänomen zu halten (zum Beispiel GÖRRES), sondern es auch
außerhalb der psychoanalytischen Beziehung überall nicht nur in
nicht-analytischen Psychotherapien, sondern auch in zwischenmenschlichen Beziehungen wirken zu sehen. Die Gründe dafür
sind nicht nur im mächtigen Einfluß der psychoanalytischen
Theorie zu suchen. Der Psychoanalytiker gewöhnt sich auch
daran, nur noch systemimmanent zu denken; je früher er sich der
Psychoanalyse zugewandt hat, desto stärker. Da sich nach dem
langwierigen Erlernen von Psychoanalyse erfahrungsgemäß die
praktische Therapie immer mehr auf reine Psychoanalysen erstreckt, fehlt schließlich die Möglichkeit, noch außerhalb dieses
Denkkreises Erfahrungen zu sammeln. Da andererseits kein anderes System eine so elaborierte Erklärung mit daraus ableitbaren
Verhaltensanweisungen bot, fehlt nicht-analytischen Psychotherapien noch heute weithin eine genauere Untersuchung der
jeweils für sie besonderen psychotherapeutischen Beziehung
(diesen Ausdruck haben wir hier als Oberbegriff verwendet),
obwohl es durchaus Ansätze dazu gibt. Hierzu gehören Überlegungen zur ROGERS-Therapie. Auf jeden Fall wäre es falsch, das
psychoanalytische Modell auf alle anderen Psychotherapieformen anzuwenden, auch wenn es manche Ähnlichkeiten gibt.

Psychotherapeutische Beziehung in der Gesprächstherapie

ROGERS selbst hat schon 1942 Überlegungen über die »therapeutische Beziehung« in der nicht-direktiven Beratung angestellt
und dabei zunächst das abgeschritten, was sie alles nicht darstellt.
Sie sei

- keine Eltern-Kind-Beziehung mit ihrem Anflug von Dauerhaftigkeit
  und vollständiger Hingabe, wie ROGERS sie vor allem in der psychoanalytischen Beziehung verwirklicht sieht;
- keine Beziehung von Freund zu Freund, dazu fehlt die vollkommene
  Gegenseitigkeit;
- keine Lehrer-Schüler-Beziehung, wegen ihrer Implikationen der über-
  legenen und unterlegenen Stellung;

- keine Arzt-Patienten-Beziehung mit ihren Merkmalen der fachmännischen Diagnose und des autoritären Ratschlags auf seiten des Arztes und der unterwürfigen Hinnahme und Abhängigkeit auf seiten des Patienten;
- keine Beziehung zwischen zwei Mitarbeitern;
- keine Beziehung zwischen Führer und Anhänger;
- keine Beziehung zwischen Priester und Pfarrkind.

Ein gleichstrukturierter positiver Vergleich fehlt ROGERS noch deshalb, weil die Beziehung in der Beratung anders ist als alle anderen Beziehungen, die zwischen Menschen möglich sind. Dies drückt sich auch in der Nomenklatur aus, welche von Therapeut und Klient spricht; Klient heißt üblicherweise nur der Auftraggeber eines Rechtsanwalts. Von hier aus ist der Ausdruck Klient an Stelle von Patient in weite Bereiche der Psychiatrie hineingetragen worden.

Die besondere psychotherapeutische Beziehung in der Gesprächstherapie trägt daher die Bezeichnung Berater-Klienten-Beziehung; sie ist nur durch wenige spezielle Eigenschaften gekennzeichnet. ROGERS hebt in erster Linie die Wärme und Empfänglichkeit, ein gewisses Maß an emotionellem Engagement auf seiten des *Beraters* hervor, der damit in den Vordergrund gestellt wird. Ferner betont ROGERS, daß die Berater-Klienten-Beziehung fest umrissene Grenzen hat, die dem Klienten zwar erlauben, alle Gefühle ohne Druck und Zwang zu äußern, also auch aggressive Regungen, und dafür entgegen normalen Lebenserfahrungen Wärme und Teilnahme zu empfangen. Aber dies geschieht innerhalb einer fest strukturierten Situation, die nach Stunde und Zeit, Ort und Gelegenheit, aber auch danach festgelegt ist, daß der Klient nicht agieren darf; oder wie ROGERS sagt, daß der Klient zwar das Bild des Therapeuten in Fetzen reißen, ihn aber persönlich nicht angreifen darf.

Psychotherapeutische Beziehung in der Verhaltenstherapie

Die Verhaltenstherapie hat stets auf ihre scientistischen theoretischen Grundlagen Wert gelegt. Aus dieser Theorie heraus dürfte sie tatsächlich behaupten, sie sei die erste wissenschaftlich begründete Psychotherapie, indem sie sich auf den scientistischen Wissenschaftsbegriff bezog und alle anderen verwarf. Patienten werden nach dem gleichen Schema therapiert, wie zuvor Katzen im Käfig konditioniert wurden. Es gibt aber auch einen anderen Grund, warum die Verhaltenstherapie eine ihr eigene psychotherapeutische Beziehung strikt leugnen mußte. Da bei ihrer Begründung ein antipsychoanalytisches Ressentiment eine wichtige Rolle spielte, mußte zugleich auch das für spezifisch psychoanalytisch gehaltene Übertragungs-Gegenübertragungs-Verhältnis für den Bereich der Verhaltenstherapie in Abrede gestellt werden.

Nun gehört aber zum Wesen jeder Psychotherapie die Einwirkung von der Psyche eines Spenders auf die eines Empfängers und allein schon, weil eine Kontrolle des Empfanges nötig ist, auch eine Rückwirkung vom Empfänger auf den Spender. Selbst wenn es gelingen sollte, Verhaltenstherapie nicht mit Hilfe eines Therapeuten, sondern mit einem Computer auszuführen, müßte dessen Programm noch vom Psychotherapeuten gemacht werden und Veränderungen zulassen – aber das ist ja noch keineswegs Realität, sondern Zukunftsabsicht. Die Frage kann daher nicht lauten, ob es in der Verhaltenstherapie eine besondere psychotherapeutische Beziehung gibt, sondern nur, welches ihre besonderen Charakteristika sind.

Die Lerntheorie als theoretische Grundlage der Verhaltenstherapie hat sich zunächst nicht auf die ihr eigene Therapie-Beziehung konzentriert, sondern auf die Analyse der vor ihr schon vorhandenen Psychotherapieformen. Es lassen sich mit ihren Mitteln durchaus auch Teile der üblichen Psychotherapien beschreiben; zum Beispiel können die Äußerungen eines Therapeuten während jeder Psychotherapie als positive oder negative Verstärker beschrieben werden (zum Beispiel ADAMS und FRYE 1964).

Es konnte aber bei den in der Verhaltenstherapie angewandten Überprüfungsmethoden des Therapieerfolges nicht lange verborgen bleiben, daß sehr unterschiedliche psychotherapeutische Theorien doch etwa zu denselben psychotherapeutischen Erfolgen führen und daß erfahrene Psychotherapeuten einander mehr ähneln als die von ihnen vertretenen Theorien. Dies mußte zwangsläufig zu der Überlegung führen, daß die individuelle, persönliche Beziehung zwischen Therapeuten und Therapiertem das Ausschlaggebende für den Therapieerfolg ist. »So lange der Verhaltenstherapeut sich auf herkömmliche klinische *Modi* der

Interaktion mit Patienten verläßt, kann er durch den Einfluß seiner eigenen persönlichen und interaktionalen Merkmale die Effektivität seiner Verhaltensprozeduren verbessern oder verschlechtern.« (KANFER und PHILLIPS).

Dies hat zu einer größeren Zahl lerntheoretisch orientierter Untersuchungen über die Eigenschaften und Erwartungen von Therapeut und Patient in der Psychotherapie allgemein geführt, es fehlen jedoch noch Untersuchungen und Überlegungen, die sich speziell auf die Verhaltenstherapie beziehen. Deswegen können von KLEIN, DITTMANN, PARLOFF und GILL (1969) angestellte Beobachtungen und Reflexionen besonderes Interesse beanspruchen, die sie nach der Beobachtung der praktischen Tätigkeit von JOSEPH WOLPE und ARNOLD LAZARUS, also zwei führenden Verhaltenstherapeuten mit internationaler Reputation, niederschrieben:

»Den stärksten Eindruck machte auf uns die Tatsache, daß die Verhaltenstherapeuten sehr häufig die Suggestion benutzen und daß sie die Erwartungen und Einstellungen des Patienten häufig manipulieren. In ihren Beschreibungen von Techniken schweigen sich Verhaltenstherapeuten über diesen Punkt ganz und gar nicht aus, doch bereitete uns die Literatur nicht auf die unverfrorene Art vor, mit der die Therapeuten ihre Patienten handhaben. Der Hauptbereich der Suggestion liegt in der Orientierungsperiode der Behandlung. In diesem Abschnitt erzählt der Therapeut dem Patienten eingehend von der Leistungsfähigkeit der Behandlungsmethode, er weist darauf hin, daß sie bei ähnlichen Patienten erfolgreich angewandt worden sei, und er geht fast so weit, dem Patienten ein ähnliches Ergebnis zu versprechen. Der Patient wird mit einer detaillierten Formulierung seiner Probleme ausgestattet und bekommt eine direkte Erklärung der Art und Weise geliefert, wie die spezifischen Behandlungsprozeduren seine Symptome ›beseitigen‹ werden.«

Wenn diese Bemerkungen auch noch keine spezifische Beschreibung des Verhaltenstherapeuten-Patienten-Verhältnisses abgeben, so zeigen sie doch am Beispiel führender Verhaltenstherapeuten, daß sich die Verhaltenstherapie nicht nur auf den Teil der spezifischen Behandlung bezieht, sondern daß das Vorgespräch bereits Teil der Behandlung, vielleicht der wichtigste ist, in dem sich das Verhaltenstherapeuten-Patienten-Verhältnis etabliert und strukturiert. Zugleich zeigt die Beobachtung auch, daß WOLPE und LAZARUS voll in der Tradition großer Psychotherapeuten stehen, deren Bedeutung besser an ihren psychotherapeutischen Erfolgen und der Nachhaltigkeit ihrer persönlichen

Wirkung auf ihre Zeit als an ihrer Theorie abzulesen ist. Dabei überrascht, daß in diesem Text plötzlich der Ausdruck ›Suggestion‹, wenn auch in negativer Bedeutung, wieder auftaucht und damit auf Methoden und Erfolge der ersten dynamischen Psychiatrie zurückverwiesen wird und so auch die psychotherapeutische Methode der Verhaltenstherapie in die Traditionen der Psychotherapie eingereiht wird.

Das Präcox–Gefühl eine für Schizophrenie spezifische Gegenübertragung?

Der Übertragungsbegriff ist auch auf nicht-therapeutische psychiatrische Beziehungen angewandt worden, zum Beispiel auf das sogenannte Präcox-Gefühl. H. C. RÜMKE hat 1957 ein besonderes Gefühl beschrieben, das dem erfahrenen Psychiater anzeigt, daß es sich in einem bestimmten Fall um eine echte Schizophrenie handelt, und dafür nach KRAEPELINS alter Bezeichnung für Schizophrenie, Dementia praecox, den Ausdruck Präcox-Gefühl geprägt. Es handelt sich darum, daß die Diagnose Schizophrenie nicht aus bestimmten Einzelsymptomen abgeleitet wird (weil es sie eventuell nicht gibt), sondern aus einem sich beim Untersucher einstellenden Gefühl und der eigentümlichen Form zwischenmenschlicher Kommunikation, die sich im Umgang mit Schizophrenen herstellen kann. Das Präcox-Gefühl bezieht sich auf etwas bestimmtes Unbestimmbares, für das eine lange Erfahrung im Umgang mit Schizophrenen maßgebend ist.

Nach W. Th. WINKLER (1971) handelt es sich deshalb um »eine typische, für Schizophrenie spezifische Gegenübertragung, die Auskunft über das gibt, was sich interpersonell zwischen dem Schizophrenen und dem Psychiater abzuspielen pflegt«, wobei WINKLER insbesondere darauf hinweist, daß die Wiederholung früherer subjektiver Erlebnisse im Umgang mit Schizophrenen gemeint ist. Darüber hinaus deutet WINKLER den Vorgang »nicht als einseitige Unfähigkeit zur Kommunikation seitens des schizophrenen Patienten, sondern auch als Ausdruck meines Widerstandes, also als das Produkt wechselseitiger, primär unbewußter Interaktionen«.

Diese Ansicht kann nicht unwidersprochen bleiben. Zunächst ist darauf hinzuweisen, daß sich entgegen allen Erfahrungen bei

Übertragungsphänomenen und bei psychotherapeutischen Beziehungen das Präcox-Gefühl nicht nach längerem Umgang eines Therapeuten mit *einem* Patienten einstellt, sondern daß der langjährige Umgang mit *vielen* von ihnen dazu disponiert. Dann kann allerdings das Präcox-Gefühl in wenigen Minuten aktualisiert werden und bestimmt nun auch wieder nicht das langfristige Verhältnis Schizophrener-Therapeut, sondern wird ausschließlich als Diagnostikum verwendet. Im übrigen kann jeder Erfahrene bestätigen, daß das Präcox-Gefühl bei längerem Umgang mit *einem* Kranken viel eher die Tendenz hat, sich zu verflüchtigen. Je genauer man einen Kranken kennt, desto unzuverlässiger ist das Präcox-Gefühl. Es handelt sich daher nicht um Gefühle, sondern um Erinnerungen, die aktualisiert werden, freilich um Erinnerungen scheinbar nicht rationaler Art.

Es handelt sich somit um vom Schizophrenen ausgehende spezifische Verhaltensweisen, die im erfahrenen Psychiater (wir sprechen in Analogie zu N. CHOMSKYS »kompetentem Sprecher« einer Sprache von einem »kompetenten Psychiater« beziehungsweise »kompetenten Psychopathologen«) eine Erinnerung *präcox* auslösen, über die er sich freilich keine Rechenschaft abgeben kann.

Unterzieht man aber einen solchen Vorgang einer Untersuchung und fragt, welche einzelnen Verhaltensweisen das sogenannte Präcox-Gefühl auslösen, läßt sich der Vorgang bewußtmachen. Es ergibt sich dann, daß es sich um den spezifisch schizophrenen Umgang mit Zeichen, insbesondere mit Sprache handelt. Im sprachlichen Bereich haben wir das Phänomen Wortfeldstörung beziehungsweise Satzfeldstörung genannt (PETERS, 1973). Es treten immer wieder Fehler in dem Sinne auf, daß von den Bedeutungen eines Lexems innerhalb eines Wortfeldes nicht die Kernbedeutung, sondern eine Randbedeutung benutzt wird und dieser Fehler vom Schizophrenen nicht bemerkt wird und gewöhnlich auch nicht korrigiert werden kann, während sich beim Untersucher das Präcox-Gefühl einstellt und er nun nicht weiß, woher es kommt.

RÜMKE hat aber mit der Einführung des Präcox-Gefühls einen wichtigen Fortschritt erzielt, indem damit unkontrollierbare – und insoweit zunächst unbewußte – Impressionen in die psychiatrische Diagnostik eingeführt wurden, was nicht nur auf diesem Gebiet, sondern auch auf anderen wichtige Konsequenzen hat.

Aber es handelt sich nicht um unbewußte Abwehrmaßnahmen und Triebansprüche des Arztes und damit weder um Gegenübertragung noch um Übertragung.

Übertragungsähnliche Gefühlsreaktionen

Es gibt weitere Beziehungen zwischen psychisch Kranken und Ärzten beziehungsweise psychiatrischem Personal, die deutlichere Ähnlichkeiten mit der psychotherapeutischen Beziehung haben als das Präcox-Gefühl, aber dennoch etwas anderes und eigenes darstellen. Es sind von Patienten ausgehende Verhaltensweisen, die beim Arzt eine bestimmte Denk- und Verhaltensweise provozieren mit ungünstigem Resultat für den Patienten. Auch hier kann sich der Arzt gewöhnlich nicht Rechenschaft über den Vorgang ablegen, so daß er in seinem größeren Anteil unbewußt ist.

Solche Pseudo-Übertragungen kommen zum Beispiel bei »hysterischen« Verhaltensweisen vor. Es gibt bestimmte Formen ärztlicher Fehldiagnosen, die nicht aus mangelhafter Kenntnis oder durch menschliches Versagen entstehen, sondern weil der Arzt auf einzelne krankheitsbedingte Verhaltensweisen eines Kranken affektiv-gefühlsmäßig, teilweise in Form von Antipathie-Gefühlen reagiert. Wir haben am Beispiel einer Patientin mit einem langsam wachsenden Hirntumor (Meningiom) zeigen können (PETERS, 1970), wie nacheinander Ärzte verschiedenster Fachrichtungen, deren ärztliche Kompetenz sonst keineswegs zu bestreiten war, stets zu der gleichen Fehldiagnose (Hysterie) gelangten, obwohl es sich keineswegs um eine schwierige Diagnose (und somit um eine banale Fehldiagnose), sondern um eine Routinediagnose handelte. Die Suggestion des Falschen (Hysterischen) war aber so groß, daß deutliche Einzelbefunde übersehen und übliche Untersuchungen unterlassen wurden. Die richtige Diagnose wäre zu jedem Zeitpunkt zu stellen gewesen. Die Analyse der Vorgänge führte zu dem Ergebnis, daß auf seiten des Patienten Verhaltensweisen bestehen, die von allen untersuchenden Ärzten als hysterisch aufgefaßt wurden, weil der Eindruck des »grob Demonstrativen«, des »theatralischen Gehabes« und »widerlichen Geheules« entstand, wobei schon diese kleine Auswahl von Formulierungen jede für sich die Abneigung der Ärzte zum

Ausdruck bringt. Die Kranken erwecken von Anfang an den Eindruck, als ob sie bewußt etwas erreichen wollten, was der Arzt nicht bemerken wollte: nämlich für krank gehalten zu werden und eventuell eine Rente zu bekommen. Derartige Verhaltensweisen stehen weitgehend mit der Diagnose Hysterie in Einklang, wobei die Absichtshaltung auch nach modernen Auffassungen (TH. SZASZ, 1972) als eine an Simulation grenzende Tendenzhaltung aufgefaßt wird. Besonders ärgerliche Reaktionen pflegt es beim Arzt hervorzurufen, wenn er dem Patienten gesagt hat, er könne diese Art Verhalten beenden, da er durchschaut sei, der Patient aber sein Verhalten fortsetzt.

Derartige Phänomene sind bei eindeutig organischen Krankheiten am leichtesten zu verstehen, weil man bei ihnen am wenigsten unkontrollierte gefühlsmäßige Reaktionen auf seiten des Arztes erwartet. Sie kommen aber in den allerverschiedensten Zusammenhängen vor. Selbsttötungsversuche werden nach im einzelnen noch nicht einmal untersuchten Kriterien in »ehrliche« und »rein demonstrative« eingeteilt. Diese Einteilung gibt es nicht etwa nur in der allgemeinen Bevölkerung, sondern zum Beispiel auch beim Personal von Intensivstationen und psychiatrischen Kliniken, so daß erhebliche Auswirkungen auf die Therapie entstehen. Ferner gibt es epileptische Anfallsformen sowie Psychopharmakawirkungen, die besonders leicht als hysterisch verkannt werden können, weshalb wir vorgeschlagen haben (PETERS, 1968), den Ausdruck *hysteropar* (= hysteriegleich) so lange zu verwenden, bis die Herkunft scheinbar hysterisch anmutender Zustände zweifelsfrei geklärt ist. Ein ganz ähnliches und für die Betreffenden eventuell lebensgefährliches Phänomen ist die scheinbare Erkennung von Trunkenheit, wenn in Wirklichkeit ein hirnorganisches Leiden die Ursache für die Verhaltensweisen darstellt, während ein geringer Alkoholgeruch aus dem Munde in die falsche Richtung deuten läßt.

All diese klinisch wichtigen Erscheinungen haben eine deutliche Ähnlichkeit mit Übertragungen. Es würde sich dann immer um negative Gegenübertragungen beziehungsweise Übertragungen handeln. Die Ähnlichkeit besteht darin, daß es sich um unkontrollierte beziehungsweise unbewußte Reaktionsweisen des Arztes handelt, die von einem Verhalten des Patienten ihren Ausgang nehmen. Ähnlich ist auch, daß eine Neigung zum Agieren (auf beiden Seiten) entsteht und daß schließlich durch Bewußtwerden die Reaktion auf seiten des Arztes ausgelöst werden kann. Ähnlich ist schließlich, daß sowohl positive wie negative Gefühle geweckt werden können, wobei allerdings nur die negativen sozial bedeutsam werden, während die positiven in der »normalen« Arzt-Patienten-Beziehung aufgehen und als sozial erwartet nicht mehr beachtet werden.

Unähnlich den Übertragungsphänomenen ist, daß die Reaktionen überindividuell sind, daß also weder die spezifischen Persönlichkeiten von Arzt und ärztlichem Personal noch die des Patienten für den Ablauf des Vorganges bedeutsam sind. Um nicht falsch verstanden zu werden: Selbstverständlich gehen auch in diesen sozialen Vorgang die individuellen Eigenschaften aller Beteiligten ein, sie machen aber nicht das Besondere und Typische aus. Der Übertragung unähnlich ist auch, daß hier nicht frühere Beziehungen zu Beziehungspersonen, zu Vater und Mutter, wiederbelebt werden, sondern wieder ist das Außerindividuelle hervorzuheben, weil verschiedne Personen gleiche Verhaltensweisen zeigen, die bei verschiedenen Personen gleiche Reaktionen hervorrufen. Wieweit es alte Verhaltenstraditionen sind, wieweit die Struktur der modernen – technisierten – Medizin maßgebend ist, müßte im einzelnen noch untersucht werden.

Zusammenfassung und Schluß

Eine besondere psychotherapeutische Beziehung stellt sich immer dann ein, wenn ein Therapeut und ein Patient sich zu dieser Art Therapie zusammenfinden. Daher findet man derartige Beziehungen auch schon in den ältesten Formen von Psychotherapie, von denen wir die Beziehung zwischen Exorzist und Besessenem näher beschrieben haben. Sie ist auch schon bei dieser »Therapie« das tragende Element, wobei die Technik der Ausführung die gerade richtige Distanz schafft, aber das Besondere und Notwendige wird weder vom Exorzisten noch vom Besessenen durchschaut.

MESMER war der erste Therapeut, der bewußt von der psychotherapeutischen Beziehung Gebrauch machte und sie als *Rapport* bezeichnete, freilich auch noch, ohne sie ganz zu durchschauen. Aber als in der ersten dynamischen Psychiatrie der »animalische Magnetismus« unter der Bezeichnung ›Hypnose‹ zur offiziellen medizinischen Psychotherapie wird, lernt man allmählich auch den ›Rapport‹ und die über die hypnotische Sitzung hinausgehende gegenseitige »Beziehung« (*réciprocité magnétique*) zwischen Therapeut und Patient näher kennen. Nach JANET folgt einer ersten Phase scheinbarer Besserung eine zweite Phase der »somnambulen Leidenschaft« im Banne des Hypnotiseurs, die von Liebe, Eifersucht, abergläubischer Furcht und tiefem Respekt geprägt ist. Sie enthält auch Elemente erotischer Leidenschaft und kindlicher und mütterlicher Liebe. Es besteht ein Bedürfnis, geführt zu werden. In der dritten Phase JANETs wird sich der Patient der Gefühle gegenüber dem Therapeuten allmählich bewußt, und es kommt zur Ablösung. Damit sind die Grundelemente einer langfristigen Beziehung und der Phasen ihrer Entwicklung deutlich erkannt.

FREUD bezieht sich einerseits ausdrücklich auf die Hypnotherapie und ihren ›Rapport‹ und setzt sich andererseits ebenso ausdrücklich davon ab. Die Psychoanalyse wird aber allmählich so beherrschend, daß die psychotherapeutische Beziehung von nun an nur noch unter ihrem psychoanalytischen Namen erkannt bleibt und selbst der ›Rapport‹ auf die Bedeutung der unmittelbaren Therapeuten-Patienten-Beziehung in der Hypnose schrumpft.

FREUD und die ihm nachfolgende Psychoanalyse haben keinem von der ersten dynamischen Psychiatrie erarbeiteten Gesichtspunkte widersprechen müssen. Ihre Weiterentwicklung der Beobachtungen bezog sich auf eine Interpretation aus der psychoanalytischen Theorie heraus und auf die während der psychoanalytischen Behandlung entstehenden speziellen Facetten des nun ›Übertragung‹ genannten Phänomens. Es wird zweckmäßig, zwei unterschiedliche Seiten der Übertragung zu unterscheiden.

1. Wiederbelebung früherer Beziehungen; das Wachwerden von Vater-, Mutter- und Geschwister-Imagines. (Zwar setzt schon diese Beschreibung Teile der psychoanalytischen Theorie voraus, aber jede andere Beschreibung würde erheblich mehr Worte benötigen.) Dabei handelt es sich um etwas sehr Allgemeines, das sich nicht nur in der psychoanalytischen Therapie, sondern in jeder Psychotherapie und darüber hinaus in allen menschlichen Beziehungen ereignet. In der Psychotherapie

ergeben sich nur insofern Besonderheiten, als in diese Beziehung sehr stark die Neurose eingeht; aber das trifft auch für viele andere zwischenmenschliche Beziehungen eines Neurotikers zu. Insoweit kann ›Übertragung‹ aber sehr kurzer und flüchtiger Natur sein.

2. In jeder Psychotherapie stellt sich eine langfristige psychopsychische Beziehung zwischen Therapeut und Patient her, die in gewisser Hinsicht immer lebenslänglich bleibt, auch wenn der direkte Kontakt irgendwann beendet werden kann. Das Besondere der Psychoanalyse ist es, daß sie diese Beziehung zu einem tragenden Element der Therapie macht. Mit nur geringer Übertreibung kann man sagen, daß Psychoanalyse das allmähliche Bewußtwerden aller dem Therapeuten geltenden Übertragungsbeziehungen ist. Eine Hinzufügung FREUDS ist auch die Unterscheidung in positive und negative Übertragung, besonders die negative ist vor ihm der Beobachtung entgangen. Eine zusätzliche Erweiterung durch FREUD erfuhr das Konzept durch die oft schmerzliche Herausarbeitung der Gegenübertragung, worunter man einerseits die Übertragung des Therapeuten auf den Patienten und andererseits die Reaktion des Therapeuten auf die Übertragung des Patienten verstehen kann. Eine speziell psychoanalytisch-therapeutische Seite, aber auch nur aus ihrer Theorie ableitbar, ist die Feststellung, daß Übertragung in den *Dienst des Widerstandes* gestellt wird und mit *Regression* (nicht unerwünscht) und *Agieren* (unerwünscht) verbunden ist.

Nach FREUD hat es kaum noch Veränderungen an diesem Konzept gegeben. Die psychoanalytische Gruppentherapie führte zur Feststellung der multipersonalen Übertragung. Die reichhaltigen Beiträge vieler Analytiker beziehen sich in allererster Linie auf die Technik der Handhabung von Übertragungen und auf die vielen Verkleidungen, in denen Übertragung, jeweils dem Geist der Zeit folgend, auftreten kann. Aber es wird auch sichtbar, daß die Beherrschung der Übertragung weiterhin als ein schwieriges Problem und besonders den noch wenig erfahrenen Analytiker ängstigendes Phänomen empfunden wird.

Unter psychoanalytischen Gesichtspunkten kann man daher folgendes Schema aufstellen:

A) Auf seiten des Patienten:

›Übertragung‹ im weiteren Sinne	›Übertragungsbeziehung‹ im engeren Sinne
Wiederbelebung früherer Beziehungen. Prägt Verhältnis zu allen Menschen und also auch zum Analytiker.	Langanhaltende Therapiebeziehung mit wechselnden positiven und negativen Übertragungen, die in den Dienst des Widerstandes gestellt werden und mit Regression und Agieren einhergeht.

B) Auf seiten des Psychoanalytikers:

›Übertragung‹ im weiteren Sinne	›Übertragungsbeziehung‹ im engeren Sinne
Wiederbelebung früherer Beziehungen. Prägt Verhältnis zu allen Menschen und also auch zum Patienten. Durch Eigenanalyse kontrollierbar.	Langanhaltende Therapiebeziehung, die auf Übertragungen des Patienten elastisch reagiert und in den Dienst von Interpretation und Aufklärung gestellt wird.

Aber auch die nach-analytischen und nicht-analytischen Psychotherapien lassen eine deutlich strukturierte psychotherapeutische Beziehung erkennen, selbst wenn sie dies – zum Teil aus theoretischen Gründen – selbst leugnen. Dies läßt sich am Beispiel der gegenwärtig am weitesten verbreiteten Psychotherapien erkennen.

ROGERS betont für die Gesprächstherapie einerseits den Unterschied zu psychoanalytischen und anderen zwischenmenschlichen Beziehungen und weist andererseits besonders auf die Wärme und Empfänglichkeit des Therapeuten und das Ausmaß seines emotionellen Engagements hin. Damit wird im Gegensatz zur Psychoanalyse die Gefühlsentwicklung des Therapeuten ganz in den Vordergrund der Betrachtung gerückt.

Die Verhaltenstherapie bestreitet vor allem aus ihren lerntheoretischen Voraussetzungen eine verhaltenstherapeutische ›Beziehung‹. Aber Schilderungen der verhaltenstherapeutischen Praxis und Analysen der therapeutischen Wirkung lassen die Bedeutung solcher Beziehung deutlich erkennen, deren Struktur aber noch nicht eingehender untersucht wurde.

Außerhalb von Psychotherapie gibt es besondere Arzt-Patienten-Beziehungen nicht nur in der Psychiatrie, die vielfach als übertragungsähnlich angesehen werden, aber nicht dasselbe darstellen. Schizophrene, bestimmte als hysterisch klassifizierte und andere Verhaltensweisen können im Arzt nicht-kontrollierte Reaktionen mit zum Teil weitreichenden Folgen auslösen. Ihre Verwandtschaft zur psychotherapeutischen Beziehung ist aber nur entfernt.

Anmerkung bei der Korrektur: Während der Drucklegung erschien das Werk *Die Übertragung* von MICHEL NEYRAUT, so daß darauf im Text leider nicht mehr eingegangen werden konnte. Der interessierte Leser findet darin vor allem bezüglich der psychoanalytischen Praxis reiche Anregungen.

Literaturverzeichnis

ADAMS, H. E. u. FRYE, R. L.: Psychotherapeutic techniques as conditioned reinforces in a structured interview. Psychol. Rev. *14*, 163–166, (1964).

AICHHORN, A.: Die narzißtische Übertragung des »jugendlichen Hochstaplers«. Almanach, 198–215, (1937).

AICHHORN, A.: Die Übertragung. Z. psychoanal. Pädagog. *10*, 5–47, (1936).

ALEXANDER, F.: The significance of emotional attitudes in the psychoanalytical situation. Amer. J. Orthopsychiatr. *3*, 35–48, (1933).

ALMASY, E.: Daten zur manischen Assoziation und Affektübertragung. Intern. Z. Psychoanal. *19*, 205–207, (1933).

Anonymus: Mesmerism, its history, phenomena, and practice: with reports of cases developed in Scotland. Edinburgh: Fraser u. C. (1843).

ARNOW, A. J.: The influence of an intense transference on a schizophrenic patient. Bull. Menninger Clin. *15*, 100–106, (1951).

ASSAGIOLI, R. G.: Transformazione e sublimazione delle energie sessuali. Riv. psicolog. applicata, Bologna *7*, (3), (1910).

BALINT, A.: Handhabung der Übertragung auf Grund der Ferenczischen Versuche. Intern. Z. Psychoanal. *22*, 47–58, (1936).

BALINT, M.: On transference and counter-transference. Int. J. Psychoanal. *20*, 223–230, (1939). Dt.: Übertragung und Gegenübertragung. In: Die Urformen der Triebe und die Technik der Psychoanalyse. S. 246–254. Stuttgart: H. Huber, Bern u. Klett (1966).

BARBARA, D. A.: Positive transference in schizophrenia. Psychiatric Quarterly *18*, 674–686, (1944).

BELL, M. C.: The use and abuse of the relationship between doctor and patient in the practice of psychotherapy. Proc. Royal Soc. Med. *16*, 12–20, (1923).

BENEDEK, T.: Control of the transference relationship. In: Alexander, F. u. French, Th. (Hg.): Psychoanalytic Therapy. New York: Ronald Pr. 173–206.

BERG, B. R.: Transference and the camp counselor. Soc. Caswk. *31*, 201–204, (1950).

BERNHEIM, H.: De la suggestion et de ses applications à la thérapeutique. Paris: Doin (1886). Dt. übers. v. S. FREUD: Die Suggestion und ihre Heilwirkung. Wien und Leipzig: Deuticke (1889).

BIBRING-LEHNER, G.: Zum Thema des Übertragungswiderstandes. Intern. Z. Psychoanal. *21*, 55–61, (1935).

BIDDLE, S. G.: The use of transference in dealing with delinquents. Amer. J. Orthopsychiatr. *3*, 14–25, (1933).

BIEN, E.: Darf der Analytiker Affektausbrüche zeigen? Psychoanal. Praxis *3*, 183–184, (1933).

BIEN, E.: Zwei Träume aus der Praxis. 1. Der Traum einer eifersüchtigen

Arztgattin. 2. Ein Übertragungstraum. Psychoanal. Praxis *1*, 159–160, (1931).

BLAJAN-MARCUS, S.: Erreurs, tâtonnements et tentations des apprentis analystes. Rev. Franç. Psychoanal. *16*, 292–312, (1952).

BLEULER, E.: Dementia praecox oder Gruppe der Schizophrenien. Leipzig und Wien: 1911.

Blumhardts Kampf. Stuttgart-Sillenbuch: Verlag Goldene Worte 1955.

BORNSTEIN, B.: Emotional barriers in the understanding and treatment of young children. Amer. J. Orthopsychiatr. *18*, 691–697, (1948).

BOSSELMAN, B.: The role of transference in the treatment of a patient with conversion hysteria. Psychosom. Med. *8*, 347–352, (1946).

BOUVET, M.: Importance de l'aspect homosexual du transfert dans le traitement de quatre cas de névrose obsessionnelle masculine. Rev. Franç. Psychoanal. *12*, 419–455, (1948).

BURDIN, C. u. DUBOIS, F.: Histoire académique du. Magnétisme Animal. Paris: 1841.

BURLING, T.: The value of explicit acknowledgement of the transference. Amer. J. Orthopsychiat. *4*, 518–523, (1934).

BURROW, T.: The problem of the transference. Brit. J. Med. Psychol. *7*, 193–202, (1927).

BUXBAUM, E.: Transference and group formation in children and adolescents. Psychoanalytic Study of the Child, (New York). *1*, 351–366, (1945).

BUXBAUM, E.: Freud's dream interpretation in the light of his letters to Fliess. Bull. Menninger Clinic *15*, 197–212, (1951) u. Yearbook of Psychoan. *8*, 56–72, (1952).

BYCHOWSKI, G.: Eine Gesichtsillusion als Ausdruck der ambivalenten Übertragung. Intern. Zeitschr. ärztl. Psychoanal. *8*, 337–339, (1922).

CARUS, C. G.: Psyche. Z. A. Pforzheim 1860. Reprint: Wissenschaftliche Buchgesellschaft, Darmstadt 1975.

CHERTOC, L.: The discovery of the transference, towards an epistemological interpretation. Int. J. Psychoanal. 49, 560–576, (1968).

CHERTOC, L.: Freud in Paris, (1885/86). Psyche 27, 431–448, (1973).

CHERTOC, L.: Leserbrief. Amer. J. Psychiatr. *132*, 757f (1975).

CHOMSKY, N.: Language and Mind. Harcourt, Brace and World. New York 1968. Dt. Sprache und Geist. Frankfurt a. M.: Suhrkamp. 1970.

CHRISTOFFEL, H.: Zum Problem der Übertragung. Mschr. Psychiatr. Neurol. *103*, 129–155, (1940).

CHRISTOFFEL, H.: Zum psychoanalytischen Begriff der Übertragung. Schweiz. Zeitschr. Psychol. *10*, 164, (1951).

CODET, H. und LAFORGUE, R.: Le transfert dans la psychanalyse. Progrès médical *53*, 239–241, (1925).

COHEN, M. B.: Countertransference and anxiety. Psychiatry *15*, 231–243, (1952).

COLEMAN, M. L. u. MEERLOO, J. A. M.: The transference function: a study of normal and pathological transference. Psychoanalytic Review *38*, 205–221, (1951).

COLEMAN, J. V.: Patient-physician relationship in psychotherapy. Amer. J. Psychiatr. *104*, 638–641, (1948).

CROWLEY, R. M.: Human reactions of analysts to patients. Samiksa *6*, 212–219, (1952).

DEUTSCH, H.: Über bestimmte Widerstandsformen. Intern. Ztschr. Psychoanal. *24*, 10–20, (1939).

DIATKINE, R., SOCARRAS, F., KESTENBERG, E.: Le transfert en psychothérapie collective. Encéphale *39*, 248–274, (1950).

DREYFUS-MOREAU, J.: A propos du transfert en psychothérapie collective. Sauvegarde 1947, 17–54.

ELLENBERGER, H. F.: Die Entdeckung des Unbewußten. Bern-Stuttgart-Wien: H. Huber 1973.

EPSTEIN, D.: Beiträge zum Kapitel »Übertragung« in der Psychoanalyse. Zbl. Psychoanal. Psychother. *2*, 451–455, (1912).

FERDIÈRE, G.: Intérêt psychologique et psychopathologique des comptines et formulettes de l'enfance. Evolut. psychiat. *3*, 45–63, (1947).

FERENCZI, S.: Introjektion und Übertragung. Eine psychoanalytische Studie. 1. Die Introjektion in der Neurose. 2. Die Rolle der Übertragung bei der Hypnose und bei der Suggestion. Jahrb. psychoanal. psychopathol. Forsch.; Jahrb. Psychoanalyse *1*, 422–457, (1909).

FERENCZI, S.: Einstellung des Analytikers zum Patienten. In: Ferenczi, Sandor (Hg.) Bausteine zur Psychoanalyse. *4*, 272–273, (1932).

FICHTE, J.: Wissenschaftslehre. 1794.

FISCHER, E.: Geschlecht und Übertragung. Z. psychoanal. Päd. *3*, 282–287, (1928–29).

FLEMING, J.: Observations on the defenses against a transference neurosis. Psychiatry *9*, 365–374, (1946).

FLIESS, R.: On a particular form of resistance to the transference; a clinical communication. Psychoanal. Rev. *33*, 359–364, (1946).

FRAIBERG, S.: Clinical notes on the nature of transference in child analysis. Psychoanal. Stud. Child *6*, 286–306, (1951).

FREUD, S.: Gesammelte Werke. 18 Bde. London: Imago 1940–1952.

FREUD, S.: Brautbriefe. Fischer-Bücherei: Frankfurt: S. Fischer 1968.

FRIEDEMANN, M.: Analoge Übertragungsträume. Psychother. Praxis *2*, 84–92, (1935).

FROMM, E.: Sigmund Freuds Sendung. Frankfurt/Berlin: Ullstein 1961.

FROMM-REICHMANN, F.: Transference problems in schizophrenics. Psychoanalytic Quarterly *8*, 412–426 (1939).

GARMA, A.: La transferencia afectiva en el psicoanalisis. Arch. neurobiol. *11*, 266–272, (1931).

GARRETT, A.: Transference in case work. Family *22*, 42–46, (1941).

GITELSON, M.: Intellectuality in the defense transference. Psychiatry *7*, 73–86, (1944) u. Psychoanalytic Review *34*, 225–226, (1947).

GLATZER, H.: Transference in group therapy. Amer. J. Orthopsychiat. *22*, 499–509, (1952).

GLOVER, E.: The Technique of Psycho-Analysis. New York: International Universities Press 1955.

GÖRRES, A.: Diskussion in: BACHMANN, C. H. (Hg.): Psychoanalyse und Verhaltenstherapie. S. 158, Fischer Taschenbuch 6171: Frankfurt a. M. 1972.

GRABER, G. H.: Probleme der Übertragung bei Freud und bei Jung. Schweiz. Zschr. Psychol. *6*, 131–136, (1947).

HATTINGBERG, H. von: Übertragung und Ablösung. Ein Beitrag zur Technik der analytischen Erschütterung. Nervenarzt *3*, 264–274, (1930); *5*, 57–66 u. 127–133, (1932).

HATTINGBERG, H. von: Übertragung und Objektwahl. Intern. Zschr. ärztl. Psychoanal. *7*, 401–421, (1921).

HEIMANN, P.: On counter-transference. Intern. J. Psycho-Analysis *31*, 81–84, (1950).

HERZBERG, A.: Die Erotik in der Arzt-Patient-Beziehung. Zschr. Sexualwissenschaft *16*, 96–105, (1929).

HORA, T.: The problem of negative countertransference. Amer. J. Psychother. *5*, 560–567, (1951).

HORNEY, K.: On difficulties in dealing with the transference. News Letter of Am. Assoc. PSW *5*, 1–5, (1935–1936).

HUBBARD, L. D.: A psychoanalytic report of a case of mutual ambivalent transference. Internat Clin. (Philad.) *30*, 292–295, (1920).

HUBBARD, L. D.: Transference and sex. Psychol. Rev. *10*, 453–456, (1923).

IVIMEY, M.: Developments in the concept of transference. Amer. J. Psychoanal. *4*, 122–133, (1944).

IVIMEY, M.: The meaning of transference. Amer. J. Psychoanal. *5*, 3–15, (1945).

JANET, P.: L'influence somnambulique et le besoin de direction. III. Internationaler Congress für Psychologie in München, 1896. J. F. Lehmann: 1897.

JANET, P.: Les Médications psychologiques. Paris: Alcan 1919.

JANOV, A.: Anatomie der Neurose. S. Fischer: Frankfurt 1974.

JANOV, A.: The Primal Scream. New York: G. P. Putnam's Sons. 1970. Deutsch: Der Urschrei. Frankfurt/M.: S. Fischer 1973. Fischer Taschenbuch Nr. 6286 : 1975.

JANOV, A.: Revolution der Psyche. Erfolge der Primärtherapie. Frankfurt: S. Fischer 1976.

JEKELS, L. und BERGLER, E.: Übertragung und Liebe. Imago *20*, 5–31, (1934).

JELLIFFE, S. E.: Some notes on transference. J. Abnormal Psychol. *8*, 302–309, (1913).

JONES, E.: Suggestion und Übertragung. Intern. Zschr. Psychoanal. *2*, 275, (1914).

JONES, E.: Sigmund Freud. Leben und Werk. Bd. I. Bern und Stuttgart: H. Huber: 1960.

JUNG, C. G.: Die Psychologie der Übertragung; erläutert anhand einer alchemistischen Bilderserie. Zürich: Rascher 1946, und GW *16*, 173–397.

KANFER, F. H. und J. S. PHILLIPS: Lerntheoretische Grundlagen der Verhaltenstherapie. München: Kindler-Verlag 1975.

KATZ, A., LYNDON, B. H. und STERBA, R.: Transference in casework: a case study. Family Service Association of America, New York, 31–49, (1948).

KEMPER, W.: Die Übertragung. Ihre diagnostischen und therapeutischen Möglichkeiten. Zschr. Psychoanal. (Berlin) *1*, 99–121, (1950).

KEMPER, W.: Die Gegenübertragung. Psyche *7*, 593–626, (1953/54).

87

KEMPER, W.: Die Übertragung im Lichte der Gegenübertragung. Acta psychother. psychosom. orthop. *3*, (Suppl): 169–176, (1955).
KIELHOLZ, A.: Von der Übertragung. Prakt. Psychiat. *30*, 7–9, (1951).
KLEIN, M.: The origins of transference. Intern. J. Psycho-Analysis *33*, 433–438, (1952).
KLEIN, M. H., A. T. DITTMANN, M. B. PARLOFF und M. M. GILL: Behavior Therapy: Observations and Reflections. J. Consult. Clin. Psychol. *33*, 259–266, (1969).
KOHUT, P.: Forms and Transformations of Narcissism. J. Amer. Psychoanal. Ass. *14*, 243–277, (1966). Deutsch: Formen und Umformungen des Narzißmus. Psyche *20*, 561–587, (1966).
KOHUT, P.: The Analysis of the Self. A Systematic Approach to the Psychoanalytic Treatment of Narcissistic Personality Disorders. Intern. Univ. Press; New York 1971. Deutsch: Narzißmus. Eine Theorie der psychoanalytischen Behandlung narzißtischer Persönlichkeitsstörungen. Suhrkamp Taschenbuch st w 157: Frankfurt/M. 1976.
KOHUT, P.: The psychoanalytic Treatment of Narcissistic Personality Disorders. Psychoanal. Stud. Child *23*, 86–113, (1968). Deutsch: Die psychoanalytische Behandlung narzißtischer Persönlichkeitsstörungen. Psyche *23*, 321–348, (1969).
LAFORGUE, R.: Le transfert. Rev. Franç. Psychoanal. *16*, 215–224, (1952).
LAGACHE, D.: La doctrine freudienne et la théorie du transfert. Acta psychother. *2*, 228–249, (1954).
LAGACHE, D.: Quelques aspects du transfert. Rev. Franç. Psychoanal. *15*, 407–423, (1951).
LAGACHE, D.: Le probleme du transfert. Rev. Franç. Psychoanal. *16*, 5–122, (1952).
LEBOVICI, S.: Die Gegenübertragung in der Kinderanalyse. Psyche *11*, 680–687, (1951).
LECHAT, F.: A propos de la technique des marionnettes en psychothérapie infantile; introduction à l'étude exhaustive du transfert analytique chez l'enfant. Rev. Franç. Psychoanal. *14*, 82–89, (1950).
LEHRMAN, S. R.: Transference in psychotherapy. Psychiatric Quarterly *24*, 532.542, (1950).
LEVEY, B.: On supervision of the transference in psychiatric social work. Psychiatry *3*, 421–435, (1940).
LEWIN, B. D.: Counter-transference in the technique of medical practice. Psychosom. Med. *8*, 195–199, (1946).
LITTLE, M.: Counter-transference and the patient's response to it. Intern. J. Psycho-Analysis *32*, 32–40, (1951).
LITTLE, M.: Über wahnhafte Übertragung (Übertragungspsychose). Psyche *12*, 258, (1958/59).
LOEWENSTEIN, R. M.: Le transfert affectif. Remarques sur la technique psychanalytique. Evolut. Psychiat. *2*, 75–90, (1927).
LUFT, Helmut: Übertragungspsychosen. Nervenarzt *32*, 199–210, (1961).
MACALPINE, I.: The development of the transference. Psychoanal. Quarterly *19*, 501–539, (1950).

MAEDER, A. E.: Contact personnel et transfert affectif. La fonction du psychothérapeute. Psyché (Paris) 4, 69–75, (1950).

MANN, J., MENZER, D. und STANDISH, C.: Psychotherapy of psychoses, some attitudes in the therapist influencing the course of treatment. Psychiatry 13, 17–23, (1950).

MARCINOWSKI, J.: The nature of »affect-transference« with two examples. Intern. J. Psycho-Analysis 1, 284–288, (1923).

MCCORMICK, E. S., MÜLLER, D. C., und RICH, P.: Management of transference. J. soc. Casework 27, 207–216, (1946).

MCLEAN, H. V.: Corrective emotional experience through rapport. New York: Ronald Pr. 1946.

MENNINGER, K. A. und P. S. Holzman: Theory of Psychoanalytic Technique. 2.1 New York: Basic Books 1973.

MILNER, M.: A Note on the ending of analysis. Inter. J. Psychoanal. 31, 191–193 (1950).

MISSRIEGLER, A.: Bemerkungen über »Gegenübertragung«. Fortschr. Sexualw. Psychoanal. 4, 9–16 (1931).

MOLONEY, J. C.: The analyst remains silent. J. Dis. nerv. Syst. 8, 14–16 (1947).

MOOR, P.: Leben und Tod des Jürgen Bartsch. Die Zeit Nr. 23 vom 28. 5. 1976.

MOOR, P.: Das Selbstportrait des Jürgen Bartsch. Frankfurt a. M.: Fischer, 1972.

MORGENTHALER, F.: Zur Psychologie der Übertragung. Schweiz. med. Wschr. 63, 33–38 (1933).

MORGENTHALER, F.: Übertragungs- und Widerstandsmechanismen in der Psychoanalyse. Darstellung einer Analyse. Schweiz. Zschr. Psychol. 10, 116–135, 185–200 (1951).

MÜLLER, A.: A propos du transfert. Rev. Franç. Psychoanal. 16, 225–230 (1952).

NACHT, S.: Réflexions sur le contre-transfert. Rev. Franç. Psychoanal. 13, 366–380.

NEYRAUT, M.: Le transfert. Etude psychoanalytique. Paris: Presses universitaires 1974. Deutsch: Die Übertragung. Eine psychoanalytische Studie. Frankfurt a. M.: Suhrkamp 1976.

NUNBERG, H.: Psychological interrelations between physician and patient. Psychoanal. Rev. 25, 297–308 (1938).

NUNBERG, H.: Transference and reality. Intern. Psycho-Analysis 32, 1–9 (1951).

OBERNDORF, C. P.: Resistance and transference in psychoanalysis. Medical Record 94, 542–546 (1918).

ÖSTERREICH, T.: Die Besessenheit. Langensalzer: Wendt und Klauwell 1921.

O'MALLEY, M.: Transference and some of its problems in psychoses. Psychoanal. Rev. 10, 1–25 (1923).

PARDI, L.: Méchanismes de défense et réactions de transfert. Evol. psychiat. 1, 93–109 (1948).

PARIN, P.: Gegenübertragung bei verschiedenen Abwehrformen. Jahrb. Psychoanalyse 1960, S. 212.

PETERS, U. H.: Die hysterische Reaktion und die hysteroparen Erscheinungen aus psychogener, somatogener und pharmakogener Ursache. Nervenarzt *39*, 213–217 (1968).

PETERS, U. H.: Fehldiagnosen durch »Schuld« des Patienten. Zur Analyse einiger sozialer Phänomene zwischen Arzt und Patient. Münch. med. Wschr. *112*, 209–213 (1970).

PETERS, U. H.: Wortfeld-Störung und Satzfeld-Störung. Arch. Psychiat. Nervenkr. *217*, 1–10 (1973).

PETERS, U. H.: Mary Barnes. Psychose als Fiktion. Nervenarzt 1977 (im Druck).

PEZOLD, H. von: Transference and countertransference in psychoanalytical therapy. Med. J. Australia *2*, 68–70 (1952).

PICHON-RIVIÈRE, E.: Quelques observations sur le transfert chez des patients psychotiques. Rev. Franç. Psychoanal. *16*, 254–262 (1952).

Racker, E.: Observaciónes sobre la contratransferencia como instrumento técnico; comunicación preliminar. Rev. Psicoanálisis (Buenos Aires) *9*, 342–354 (1952).

REICH, A.: On countertransference. J. Abn. Psychol. *32*, 25–31 (1951).

REICH, A.: Bemerkungen zum Problem der Gegenübertragung. Jb. Psychoanal. *1*, 183–195 (1960).

REICH, W.: Wilhelm Reich über Sigmund Freud. Raubdruck. Hgg. von der Gesellschaft zur Bekämpfung der emotionalen Pest. 1969.

RIOCH, J. M.: The transference phenomenon in psychoanalytic therapy. Psychiatry *6*, 147–156 (1943).

ROSENBLUM, E.: Die Übertragung in der Kur des »Herrn E.«. Ein Beitrag zu Freuds Selbstanalyse. Psyche *29*, 745–755 (1975).

ROSENFELD, E. M.: Transference-phenomena and transference-analysis in an acute catatonic schizophrenic patient. Intern. J. Psycho-Analysis *33*, 457–464 (1952).

ROTH, N.: The acting out of transferences. Psychoanal. Rev. *39*, 69–78 (1952).

ROTHENBERG, S.: Transference situations in an hour of analysis. Psychoanal. Rev. *32*, 340–352 (1945).

RÜMKE, H. C.: Die klinische Differenzierung innerhalb der Gruppe der Schizophrenien. Nervenarzt *29*, 49–53 (1958).

SACHS, H.: Eine infantile Sexualtheorie in Übertragungsform. Intern. Zschr. Psychoanal. *6*, 258–259 (1920).

SACHS, H.: The transformation of impulses into the obsessional rituel. American Imago *3*, 67–74 (1946).

SAUSSURE, R. de: Transference and animal magnetism. Psychoanal. Quaterly *12*, 194–201 (1943).

SCHEUNERT, G.: Zum Problem der Gegenübertragung. Psyche, *13*, 574–593 (1959/60).

SCHLUMBERGER, M.: Introduction à l'étude du transfert en clinique psychoanalytique. Rev. Franç. Psychoanal. *16*, 123–169 (1952).

SCHMIDEBERG, M.: Note sur le transfert. Rev. Franç. Psychoanal. *16*, 263–267 (1952).

SCHMIDT, T.: Gibt es eine kindliche Übertragung? Zschr. Kinderpsychiatr. *18*, 174–177 (1951).

SCHNECK, J. M.: Notes on the homosexual component of the hypnotic transference. Brit. J. Med. Hypnotism *1*(4), 24–26 (1950).

SCHUBERT, H. von: Von der Nachtseite der Naturwissenschaft. Dresden u. Leipzig 1840 (Zit. n. Ellenberger).

SCHUR, M.: Sigmund Freud. Leben und Sterben. Frankfurt a. M.: Suhrkamp 1973.

SHARPE, E. FREEMAN: The dynamics of the method – the transference. Intern. J. Psycho-Analysis *11*, 374–386 (1930).

SILVERBERG, W. V.: The concept of transference. Psychoanal. Quaterly *17*, 303–321 (1948).

SKINNER, J.: Transference interpretations in psychotherapy. J. Psychiat. Soc. Wk. *22*, 5–13 (1952).

SLAVSON, S. R.: Transference phenomena in group psychotherapy. Psychoanal. Rev. *37*, 39–55 (1950).

STEKEL, W.: Das Phänomen der Gegenübertragung. Psychother. Praxis *1*, 67–72 (1934).

STEKEL, W.: Übertragung, Verdrängung und Annulierung. Fortschr. Sexualw. Psychoanal. *2*, 1–11 (1926).

STEKEL, W.: Die verschiedenen Formen der Übertragung. Zbl. Psychoanal. Psychother. *2*, 27–30 (1912).

STEPHANI-CHERBULIEZ, J.: Transfert et contre-transfert entre malade et médecin. Praxis *40*, 346–349 (1951).

STERBA, R.: Zur Dynamik der Bewältigung des Übertragungswiderstandes. Intern. Zschr. Psychoanal. *15*, 456–470 (1929).

STERBA, R.: Das psychische Trauma und die Handhabung der Übertragung. Intern. Zschr. Psychoanal. *22*, 40–46 (1936).

STERBA, R.: Über latente negative Übertragung. Intern. Zschr. Psychoanal. *13*, 160–165 (1927).

STERBA, R.: Zur Theorie der Übertragung. Imago *22*, 456–470 (1936).

STERN, A.: On the conter-transference in psychoanalysis. Psychoanal. Rev. *11*, 166–174 (1924).

STERN, A.: On the nature of the transference in psychoanalysis. New York Med. J. *107*, 398–402 (1918).

STERN, A.: Some personal psychoanalytical experiences with Professor Freud. New York State J. Med. *2*, 427–429 (1921).

STERN, A.: Transferences in borderline neuroses. Psychoanal. Quarterly *17*, 527–528 (1948).

STOLTENHOFF, H.: Übertragungsliebe und Liebe. Ein Beitrag zu Klärung und Abgrenzung der Begriffe. Zbl. Psychother. Grenzgeb. *5*, 464–477 (1932).

SZASZ, TH.: The Myth of Mental Illness, Foundation of a Theory of Personal conduct. New York: Harper and Row 1961. Dt: Geisteskrankheit, ein moderner Mythos? Olten: Walter 1972.

TAUBER, E. S.: Observations on conter-transference phenomena. Samiksa 6, 220–228 (1952).

THOMPSON, C. M.: Counter-transference. Samiksa 6, 205–211 (1952).

THOMPSON, C. M.: Development of awareness of transference in a markedly detached personality. Intern. J. Psycho-Analysis *19*, 299–309 (1938).

THOMPSON, C. M.: Transference as a therapeutic instrument. Psychiatry *8*, 273–278 (1945).

VEITH, I.: Hysteria. The History of a Disease. Phoenix Books. The University of Chicago Press. Chicago und London 1965.

VINK, E. F.: Versuch zur Analyse der Übertragung in einem Fall von Kinderneurose. Zschr. Kinderpsychiatr. *17*, (5–6), 142–149 (1951).

WAELDER, R.: Panel: Problems of transference and counter-transference. Bull. Amer. Psychoanal. Assoc. *6*, 24–27 (1950).

WALLERSTEIN, R. S.: Reconstruction and mastery in the transference psychosis. J. Am. Psychoanal. Ass. *15*, 551–583 (1967).

WEISS, E.: Manipulation of the transference relationship. In: In: Alexander, F., und French, T. M.: Psychoanalytic Therapy. New York: Ronald Pr. 41–54 (1946).

WINKLER, W. TH.: Die mehrdimensionale Übertragung. in: Boss, M., H. K. Fierz und B. Stokvis (Hg.): Internationaler Kongreß für Psychotherapie. Zürich 1954. S. 727 Basel-New York: S. Karger 1955.

WINKLER, W. TH.: Übertragung und Psychose. Bern-Stuttgart-Wien: H. Huber 1971.

WINNICOTT, D. W.: Hate in the counter-transference. Intern. J. Psycho-Analysis *30*, 69–74 (1949).

WITTELS, F.: The phenomenon of transference in a case of phobia. J. Nerv. Ment. Dis. *88*, 12–17 (1938).

WOOD, A. B.: Transference in client centered therapy and in psychoanalysis. Intern. J. Psycho-Analysis *15*, 72–75 (1951).

ZIERER, E.: Transference in creative therapy. J. Hillside Hospital *1*, 93–102 (1952).

ZILBOORG, G.: Some observations of the transformation of instincts. Psychoanal. Quarterly *7*, 1–24 (1938).

Personen- und Sachregister